AF390876

RAPPORT

ET PROJET DE LOI

SUR

L'INSTRUCTION PUBLIQUE.

(4)

RAPPORT

ET PROJET DE LOI

SUR

L'INSTRUCTION PUBLIQUE,

Par J. A. CHAPTAL.

Cet Ouvrage fait suite à l'Essai sur le perfectionnement des Arts chimiques en France, du même Auteur.

DE L'IMPRIMERIE DE CRAPELET.

A PARIS,

Chez DETERVILLE, Libraire, rue du Battoir, n°. 16, quartier de l'Odéon.

AN IX.

RAPPORT

ET PROJET DE LOI

SUR

L'INSTRUCTION PUBLIQUE.

Progrès de l'Instruction publique en France.

Les premiers temps de la monarchie ne présentent aucune trace d'éducation nationale.

Le clergé , seul dépositaire d'un petit nombre de connaissances, ne les transmettait qu'à ceux qu'il initiait dans ses mystères.

La noblesse, uniquement occupée du métier des armes , semblait dédaigner l'instruction. Son ignorance fut tellement prolongée , que , même du temps de *Charlemagne,* on trouvait peu de nobles qui sussent écrire.

A

Ce n'est qu'au onzième siècle qu'on commença à cultiver les arts libéraux : mais leur étude fut exclusivement réservée à la noblesse et au clergé.

Vers la fin de ce même siècle, parurent en France les ouvrages d'*Aristote :* ils furent successivement étudiés , proscrits et brûlés.

Alors furent jetés les premiers fondemens de cette fameuse *Université,* qu'on a vue tour-à-tour protectrice ou tyran des arts , selon ses craintes, son ambition ou ses intérêts. Ce ne fut, jusqu'au quatorzième siècle, qu'un corps de maîtres ambulans, dévoués aux volontés du grand pontife, et toujours prêts à lui sacrifier leurs opinions et leur patrie.

La théologie, le droit civil et la médecine, furent long-temps les seuls objets des études publiques. Cependant les *colléges* s'établissaient peu à peu ; et quoiqu'ils ne formassent, dans le principe, que quelques séminaires où l'on élevait les jeunes gens destinés au service des autels, l'habitude de la réflexion , le résultat de la discussion, laissaient pénétrer dans ces écoles le doute et l'incertitude, et préparaient la chute de tous ces monumens élevés par l'ignorance à la superstition.

Les premiers germes de la vérité, jetés dans ces écoles, devaient bientôt s'y développer : quelques traits de lumière, sortis par intervalles du sein des ténèbres, éclairaient depuis long-temps sur des erreurs grossières ; et les guerres civiles sur-tout, montrant au peuple sa force, au clergé et à la noblesse leur dépendance réelle, rendaient nécessaires les progrès des véritables connaissances. Le clergé se vit donc forcé d'admettre la bourgeoisie à participer aux études publiques : il se réserva néanmoins le droit exclusif de l'enseignement et du choix des études.

Ces faibles traces d'instruction, ces légers progrès de l'esprit humain, ces premières conquêtes de la raison sur les préjugés, préparaient peu à peu les élémens d'un véritable système d'éducation publique ; et ce fut vers le milieu du quinzième siècle qu'il fut permis de donner à l'instruction cet ensemble, cette stabilité, cette étendue, j'ose dire cette liberté, qu'elle n'avait pas eus jusqu'alors.

Le code réformateur du cardinal *d'Estouteville* parut en 1452 : ce monument, concerté entre le cardinal et des commissaires royaux du parlement et du clergé, a été l'époque la plus mémorable que nous présentent les fastes de l'instruction publique. Il organisa l'étude des quatre facultés ; créa une espèce de magistrature pour veiller aux progrès de l'éducation ; autorisa la formation des pensionnats ; établit la graduation nécessaire à l'instruction ; ordonna les examens publics ; détermina la hiérarchie des pouvoirs parmi les instituteurs ; abrogea les statuts qui excluaient les médecins mariés de la régence , &c. ; et quelque incomplet que soit ce système, on pourra en apprécier tout le mérite, si l'on se reporte au moment où il a été conçu et exécuté.

C'est peu de temps après qu'on vit s'établir en France cette corporation religieuse, toujours turbulente , toujours conspiratrice , mais instruite , amie des arts , avide de gloire , et assez fortement organisée dans son intérieur pour suivre une marche uniforme dans ses plans d'enseignement comme dans ses projets d'ambition.

L'établissement de cette société donna aux sciences et aux lettres un appui dont elles avaient manqué jusqu'alors : les méthodes d'enseignement se perfectionnaient

par les leçons d'une expérience journalière :
les colléges, que cette société multiplia sur
tous les points de la France, présentaient
par-tout des moyens faciles à tous ceux qui
voulaient s'instruire; et de tous ces foyers
d'étude et de lumière, on vit sortir cette
étonnante génération d'hommes éclairés qui
a mérité à son siècle le nom du *siècle des
talens et des lumières.*

Les jésuites ne sentirent que trop alors
tout ce qu'ils pouvaient entreprendre sur
l'esprit de leurs contemporains ; au lieu de
se borner à les éclairer, ils aspirèrent à les
asservir : peu satisfaits d'instruire la jeunesse, ils voulurent gouverner l'Etat; et
leur empire s'établissait insensiblement sur
deux bases qui paraissaient inébranlables :
d'un côté, sur le pouvoir que donne le privilége de l'enseignement; de l'autre, sur le
respect magique qu'inspirent aux familles
les prêtres dépositaires de leurs secrets. Cette
ambition démesurée préparait de loin une
chute qui ne fut retardée que par le sentiment qu'on avait encore de leur utilité
réelle, et par l'influence qu'ils exerçaient
sur l'opinion publique.

Néanmoins, leur destruction devenait,
de jour en jour, moins dangereuse pour

l'éducation, par rapport à la concurrence que venaient d'établir d'autres corps enseignans; et elle arriva en 1761.

Cet événement n'amena pas de grands changemens dans le système de l'instruction publique, parce que déjà le sort des lumières était décidé : outre l'existence de plusieurs sociétés savantes, vouées par état à l'enseignement, il s'était établi de nombreuses écoles particulières qui rivalisaient avec les établissemens publics; et les académies, formées de toutes parts, propageaient les connaissances et publiaient les découvertes. L'esprit philosophique, étranger dans les écoles publiques, se développait avec courage dans ces réunions d'hommes libres; de manière que les prêtres et le Gouvernement n'avaient plus que la ressource des persécutions pour étouffer les vérités terribles qui menaçaient d'une ruine prochaine le vieil édifice de la superstition et de la monarchie.

Pendant un demi-siècle, on a donc vu la philosophie aux prises avec la superstition, la raison avec les préjugés, la vérité avec l'erreur : le résultat de cette lutte mémorable a été la Révolution, cette crise politique qui a renversé le trône, démasqué le

, fanatisme et rétabli le peuple dans tous ses droits.

L'instruction publique , qui jusque-là avait été confiée à des corporations religieuses , n'a pu que se ressentir de ce mouvement général : les corporations ont cessé d'exister ; la liberté des cultes n'a pas pu se concilier avec l'enseignement et la pratique exclusive du culte catholique : le Gouvernement , fondé sur les principes de la raison , n'a plus eu d'intérêt à écarter les vérités philosophiques qui l'avaient établi. Il a donc fallu régénérer l'instruction publique.

L'ASSEMBLÉE CONSTITUANTE s'occupa de poser les bases d'un nouveau système d'éducation nationale : le plan qu'elle nous a laissé est encore le plus beau monument que le génie ait élevé à l'instruction publique * : mais ce plan, tracé sous la monarchie dans un moment où le clergé était organisé par la Constitution, ne saurait s'adapter dans toute son intégrité à notre état actuel. De grands changemens survenus dans notre organisation politique, ont rendu néces-

---

* Rapport sur l'instruction publique, par TALEY-RAND-PÉRIGORD.

saires de plus grands changemens encore
dans le systême de l'instruction publique.

L'ASSEMBLÉE LÉGISLATIVE eut aussi son
plan d'éducation nationale. L'auteur *, pour-
suivant avec persévérance le systême qu'il
s'était formé du perfectionnement indéfini
de l'espèce humaine, crut trouver dans la
révolution l'époque la plus favorable à l'exécution de ses idées, et regarda l'instruction
publique comme le moyen le plus propre à
l'accélérer. Ce plan, conçu par un homme de
génie, établissoit cinq degrés d'instruction
publique; un de plus que celui de l'Assemblée
constituante : il admettoit des *écoles primaires*, des *écoles secondaires*, des *instituts*, des
lycées, et enfin une *société nationale des
sciences et des arts*, destinée à surveiller et
diriger les établissemens d'instruction.

Ce plan vaste, coordonné avec génie dans
toutes ses parties, peut être plutôt considéré
comme une belle conception théorique que
comme un systême susceptible d'exécution.
L'auteur a trop bien auguré de son siècle,
lorsqu'il a cru qu'il suffiroit de créer de
nombreuses écoles pour avoir des élèves et
des professeurs ; il a trop sacrifié à sa théo-

---

* CONDORCET.

rie sur le perfectionnement indéfini de l'espèce humaine, lorsqu'il a voulu soustraire
l'instruction et les professeurs à la surveillance du Gouvernement, afin de défendre,
contre toute atteinte du pouvoir, cette indépendance de l'instruction, qui fait, selon lui,
une partie des droits de l'espèce humaine.

Ce système d'instruction a éprouvé le sort
du premier : on s'est borné à ordonner l'im-
pression des profondes méditations des deux
philosophes qui ont travaillé sur cette importante matière.

Au milieu des agitations, des haines, des
passions auxquelles la CONVENTION NATIO-
NALE fut en proie, on l'a vue néanmoins
s'occuper constamment d'instruction publique. Les crises politiques qui ont marqué
ses périodes d'une manière si effrayante,
ont fait successivement prédominer tous les
partis ; et la postérité croira avec peine que
la même assemblée qui paroissoit avoir organisé la destruction en système, ait produit
ces nombreuses lois salutaires auxquelles
nous devons, ou la conservation, ou la création de presque tous nos établissemens d'instruction publique.

Un tel rapprochement mérite toute l'attention de l'homme sage ; et je crois qu'on

peut trouver la raison de cet étonnant con-
traste, dans la composition de cette assemblée, extraordinaire jusque dans ses élémens.
A côté de quelques hommes de sang, qui ne
respiroient que ruine et destruction , sié-
geaient des philosophes * dont la pensée se
fixait toute entière sur les arts, et qui pro-
fitaient avec adresse, souvent avec courage,
des intervalles que laissaient les discussions
orageuses, pour proposer, ou la conservation de quelques monumens des arts, ou
l'établissement de quelque école d'instruction. C'est ainsi qu'on a conservé le dépôt
précieux des *arts et métiers ;* qu'on a formé
le plus bel établissement de *musique* qui
existe en Europe ; qu'on a rétabli les
écoles de médecine ; créé une *école normale* ;
conçu et exécuté le vaste plan de l'*école polytechnique ;* accordé un asyle et les secours
de l'instruction aux *sourds-muets ;* ouvert
des leçons publiques à la Bibliothèque nationale pour l'enseignement des *langues
orientales ;* établi deux écoles d'*économie
rurale ;* organisé, sous le titre d'*écoles de
services publics,* un enseignement complet

---

* Cambacérès , Grégoire , Daunou , Siéyes ,
Fourcroy , Guyton , &c.

pour l'*artillerie*, le *génie*, les *ponts et chaussées*, les *mines*, la *géographie*, la *navigation*, &c. C'est en un mot, osons le dire, la Convention nationale qui a posé, sans restriction, les bases de l'instruction telle qu'elle existe encore aujourd'hui ; mais, non-seulement elle s'est occupée d'instruire, elle a voulu conserver : elle a fait plus, elle a voulu perfectionner ; et, à cet effet, elle a réuni dans un même lieu, et comme dans le même temple, sous le nom d'INSTITUT, les sciences, les arts et la littérature.

Cependant, la Convention nationale ne couronna pas l'édifice de l'instruction publique : elle légua au Corps législatif le soin de le terminer par l'organisation des écoles spéciales. C'est pour remplir ce but, qu'il a été présenté, en l'an 5, un plan d'organisation de ces écoles, qui, quoique simple et fortement conçu, a partagé le sort de tous les projets émanés des deux premières Assemblées nationales *.

Depuis cette époque, le CONSEIL DES CINQ-CENTS s'est constamment occupé d'instruction publique : beaucoup de projets ont

---

* Rapport sur l'organisation des écoles spéciales, par P. C. F. DAUNOU.

été proposés, discutés, aucun n'a été arrêté ; et l'instruction est encore aujourd'hui ce que la Convention nationale l'a laissée.

Quelques écoles primaires dans les villes, presque aucune dans les campagnes ; une école centrale par département ; plusieurs écoles spéciales en activité , telles que celles de médecine, de musique, des ponts et chaussées , des mines , d'histoire naturelle ; l'école polytechnique, &c. : tels sont, à peu de chose près, les établissemens actuellement ouverts à l'instruction publique.

Quelques-uns de ces établissemens existaient sous l'ancien régime : on a cru remplacer les *colléges* par les autres ; mais on est loin d'avoir atteint le but qu'on s'était proposé. Presque par-tout les *écoles centrales* sont désertes ; et lorsqu'on recherche la cause du peu de succès qu'a obtenu cette nouvelle institution , on croit la trouver dans les vices de l'organisation de l'enseignement qui y est établi. Il me suffira peut-être de rapprocher l'enseignement ancien du nouveau, pour faire sentir cette vérité.

L'enseignement, sous l'ancien régime , était confié à des corporations ; ces corporations présentaient quelques avantages qui n'appartiennent qu'à elles.

1°. La manière d'enseigner était la première étude de ceux qui se vouaient à l'enseignement ; et personne n'a pu réfléchir sur les difficultés que présente l'art de transmettre ses idées avec ordre, clarté, méthode, précision, sans sentir la nécessité de s'instruire de la méthode d'enseignement avant de s'y livrer.

2°. Il existait dans les corporations un système d'organisation intérieure qui, marquant à chacun ses devoirs, établissait partout l'ordre et l'harmonie, et assurait une entière exécution dans tous les détails.

3°. L'enseignement y était gradué de telle manière, que le professeur acquérait de nouveaux moyens à mesure que les facultés de l'élève se développaient.

4°. Ce système était tout économique, en ce que la réunion de tous les professeurs à une même table et sous le même toit, formait de tous une seule famille.

A côté de ces avantages, sans doute incontestables, l'éducation confiée aux corporations nous paraît présenter plusieurs vices.

Le premier, c'est que si ces corporations possédaient l'art de transmettre les connaissances acquises, rarement elles s'élevaient au mérite de l'invention. Les corporations conservent, mais elles ne perfectionnent ni n'inventent.

Le second vice qu'on peut reprocher aux corporations, c'est celui d'enseigner, comme vérités, les opinions consacrées par une longue tradition dans l'école.

Le troisième, et peut-être le plus grand de tous, c'est celui de commander despotiquement à la croyance des élèves dans les sciences comme dans la morale; de ne jamais proposer le doute, qui seul excite et développe les facultés de l'entendement. Ce système de contrainte et de tyrannie dérivait naturellement de l'usage consacré par plusieurs siècles, qui avait fait de l'enseignement l'apanage exclusif des prêtres. Ainsi, au lieu de laisser à l'entendement humain cette extension de liberté qui le porte sans cesse vers le perfectionnement, et le rend capable des plus grands efforts, les instituteurs éteignaient avec soin, ou condamnaient avec humeur les élans de l'imagination, les inquiétudes du génie, qui cherchent l'appui des vérités jusque dans le vague des préjugés ou des erreurs.

Cependant, le système de l'enseignement, le mécanisme de l'instruction, étaient si bien organisés dans ces écoles, qu'on y contractait l'habitude du travail, et que le vrai talent en sortait impatient de se porter à l'étude des vérités qu'on lui avait soigneusement cachées : sa marche en devenait d'autant plus hardie, que l'état de contrainte dans lequel on l'avait retenu, avait irrité sa curiosité : dès-lors, rien ne pouvait arrêter son élan ; il redoublait par les persécutions. Telle fut la conduite de *Rousseau*, de *Diderot*, de *Voltaire*, de *d'Alembert*, de *Condorcet ;* telle fut la marche de tous les hommes de génie qui se sont réunis en Assemblée nationale en 89.

On peut donc poser comme base fondamentale, que dans les temps qui ont précédé la révolution, la nature de l'instruction publique exigeait quelques réformes ; mais on ne peut pas nier que la méthode d'enseignement ne fût admirable.

Les vices de l'ancienne instruction n'ont pas tardé à être sentis, et on a cherché à les corriger. Ne pouvant plus conserver de corporations, incompatibles, par leurs principes, avec la forme et l'esprit du Gouvernement, il a fallu les supprimer ; de façon que l'instruction, en changeant d'objet, a dû changer de mains.

Des hommes instruits ont été réunis pour

donner une éducation publique : les plus grands talens se sont consacrés aux pénibles fonctions du professorat. Jamais plus de lumières, on peut le dire, n'ont été appliquées à l'enseignement. Cependant, l'éducation publique est presque nulle par-tout; la génération qui vient de toucher à sa vingtième année, est irrévocablement sacrifiée à l'ignorance; et nos tribunaux, nos magistratures, ne nous offrent que des élèves de nos anciennes universités.

Le système d'instruction publique qui existe aujourd'hui, est donc essentiellement mauvais, mais beaucoup moins par la nature de l'instruction elle-même, que par l'organisation vicieuse qu'on a donnée à l'enseignement. En effet,

1°. Les écoles primaires n'existent presque nulle part, de manière que la masse de la nation croît sans aucune instruction; et, par conséquent, les écoles centrales, qui supposent des connaissances premières, ne peuvent servir qu'à un très-petit nombre d'individus.

2°. Le passage des écoles primaires aux écoles centrales n'est pas rempli par des études intermédiaires, de manière que le jeune homme qui sait lire et écrire, ne peut pas profiter de l'instruction qu'on donne dans les écoles centrales.

3°. La graduation des études, si nécessaire pour développer par degrés les facultés de l'entendement, n'est point organisée dans les écoles centrales ; car on ne peut pas appeler *organisation*, les dispositions bizarres de la loi qui distribue l'enseignement d'après la seule considération de l'âge.

4°. L'instruction s'y donne sans surveillance, de sorte que le temps consacré à l'enseignement n'est point tracé ; les élèves n'y sont point soumis à une discipline assez sévère ; et, dans un âge où le besoin du mouvement et l'attrait presque irrésistible des jeux maîtrisent la jeunesse, cette discipline, cette contention forcée, sont la première condition qu'on doit lui imposer pour assurer de bonnes études.

5°. Les cours des écoles centrales ne sont pas distribués par-tout d'une manière avantageuse à l'élève. Trop souvent l'heure des leçons et l'époque des cours sont commandées par la seule commodité des professeurs. Il en résulte que l'instruction se donne sans ordre et sans suite ; que, dans certaines époques de l'année, les cours sont si nombreux, que les élèves ne peuvent pas y suffire, tandis que dans d'autres temps l'école ne présente aucune trace d'enseignement.

6°. L'instruction, telle qu'on la donne en général, n'est point proportionnée à la faiblesse de l'élève, pour qui essentiellement elle est faite. Aussi ne voit-on dans les départemens que quelques hommes déjà instruits, qui suivent les cours des écoles centrales ; de manière que ces écoles sont plutôt des *écoles de perfectionnement* que des *écoles d'instruction première pour les sciences.*

7°. Toutes les parties de l'enseignement n'y reçoivent pas d'assez grands développemens : un seul professeur est destiné à enseigner les langues anciennes, de manière que ses leçons ne peuvent être profitables ni aux personnes instruites qui desirent se perfectionner dans leurs études, ni à ceux qui commencent.

Pour présenter aujourd'hui un bon système d'instruction publique, il faut donc se placer entre ce qui existe et ce qui était avant la révolution. Il faut étudier, dans le passé comme dans le présent, les leçons de l'expérience, pour former, de tous les faits qu'elle nous fournira, les élémens de notre éducation nationale : c'est la marche que

j'ai constamment suivie dans le projet que
je soumets au Conseil.

§. Ier.

Une instruction première est-elle nécessaire à tous ?

IL n'est aucun peuple d'Europe qui ne
soit aujourd'hui bien éloigné de ces formes
primitives où les besoins, presque nuls,
peut-être imaginaires, pouvaient être satisfaits sans efforts.

Les arts, le commerce, l'agriculture, tout
est chez nous l'ouvrage des lumières ; et
l'instruction doit placer la génération qui
s'avance, au moins au niveau des connaissances de celle qui finit.

On peut donc regarder l'instruction comme l'effet et le besoin de la civilisation : elle
doit donc être proportionnée à son état et à
ses progrès.

L'instruction doit être encore modifiée
selon la nature du Gouvernement qui régit
le peuple : les lumières créent et soutiennent
les Gouvernemens représentatifs : elles les
préservent des atteintes du fanatisme et des
secousses de l'ignorance ; elles les entourent

de force, de confiance, de soumission. Mais on doit cacher la lumière à un peuple esclave : elle serait pour lui le signal de l'insurrection, ou le sentiment douloureux de son oppression.

En descendant jusqu'aux derniers degrés de l'ordre social dans un Gouvernement représentatif, on éprouve par-tout le besoin de l'instruction, puisque tous sont appelés à voter pour le choix de leurs magistrats : celui qui ne sait ni lire ni écrire, est déjà dans la dépendance de celui qui possède cet art.

§. II.

Tous demandent – ils le même degré d'instruction ?

L'INSTRUCTION publique doit avoir pour but principal, de donner à chacun les connaissances nécessaires pour remplir convenablement les fonctions auxquelles il est appelé dans la société.

Parmi ces fonctions il en est de communes à tous, et il en est de particulières aux diverses classes d'individus.

Les fonctions communes sont celles sur l'exercice desquelles reposent les droits de cité : elles demandent, dans l'Etat, une éducation générale, commune à tous, et qui se borne à l'art d'*écrire*, *lire*, *chiffrer*, et aux premières notions ou connaissances du pacte social.

Les fonctions particulières sont celles qui, distribuant les hommes par classes dans la société, les appliquent à divers emplois, et subviennent aux besoins de tous par une sage distribution des facultés de chacun. Il faut donc à chaque individu des études ou une instruction particulière selon l'état qu'il embrasse, le métier qu'il pratique ou la profession qu'il exerce.

Développons ces idées en les appliquant à la société.

Si nous jetons un coup-d'œil sur la composition d'une nombreuse nation dont tous les membres sont liés par un pacte commun, nous en verrons tous les individus placés à des postes d'utilité publique : et le Gouvernement le mieux organisé, le peuple le plus heureux, est celui où chaque individu est à sa place; où nul n'a été laissé hors des rangs; où les professions sont honorées dans tous les degrés; et où le Gouvernement, qui veille à tout, maintient l'harmonie dans toutes les parties, et garantit à chaque élément du corps social tous les droits que lui donne le contrat d'association.

En partant de ces principes, l'instruction doit être très-inégale ; car tous les états de la société n'en ont pas un égal besoin : il en est , et c'est le plus grand nombre, où la société ne réclame que l'emploi des forces physiques. Le Gouvernement ne doit donc , dans ce cas-ci, que l'instruction commune ou générale ; et, au sortir des premières écoles , les jeunes gens qui se destinent à des professions mécaniques , doivent rentrer dans la maison ou dans les ateliers de leurs pères, pour s'y former de bonne heure à la pratique des métiers qui doivent assurer leur subsistance. Il est à la fois de l'intérêt de l'État et de celui de l'individu de borner là son éducation : ce principe n'a pas besoin de développement.

Mais , comme le corps humain n'est pas tout composé de bras, le corps social ne saurait être uniquement formé d'artisans ou de laboureurs. Il y existe plusieurs professions qu'on ne peut bien exercer qu'à l'aide de connaissances plus ou moins étendues : il serait tout aussi impolitique de ne pas s'occuper de fournir à ces derniers des moyens d'instruction convenables, que d'appeler à

une éducation soignée les individus qui sont
consacrés par état aux plus rudes travaux
de la société.

Cette seconde classe comprend non-seulement tous les hommes qui aspirent à se
placer honorablement dans les premiers
rangs de la société, pour y payer un tribut
de service public dans une profession quelconque, mais elle embrasse encore tous les
individus qui, nés dans l'aisance ou placés
à la tête d'un grand établissement, ou d'une
riche exploitation rurale, veulent diriger
leur conduite par des connaissances, et tra-
vailler à perfectionner leur art ou à simpli-
fier les procédés d'exécution.

Mais toutes ces professions ont encore des
bases communes, puisqu'il est des connaissances générales applicables à toutes; et c'est
pour les acquérir qu'on doit placer au-dessus
des premières écoles, des écoles prépara-
toires à l'étude des arts libéraux, dans lesquelles on enseigne les principes communs
à toutes les sciences. Ces écoles peuvent être
considérées comme les écoles primaires de
toutes les professions qui supposent de l'instruction, et de cette classe nombreuse de la
société qui cultive les arts ou les sciences,
plutôt par goût que par intérêt ou devoir.

En sortant de ces écoles , chaque individu fait choix d'un état, et cherche à s'établir au poste où il croit être le plus utile ou le mieux placé. Ici commence essentiellement l'organisation sociale dans la partie qui tient de plus près à l'intelligence : ici résident les principes de vie qui vont animer toutes les parties du corps social ; et c'est de la distribution qui se fait en ce moment, que dépendent la bonté des services publics, la force du Gouvernement, la prospérité publique , la gloire de la Nation.

Le Gouvernement doit ouvrir et préparer à chacun la carrière qu'il veut parcourir ; il doit lui procurer les moyens nécessaires pour acquérir l'instruction convenable ; et il ne peut s'acquitter envers lui qu'en établissant des écoles spéciales où chaque profession soit enseignée avec détail.

Les divers degrés de l'instruction publique doivent donc correspondre aux grandes divisions qui s'observent dans le corps social ; et, s'il nous était permis de suivre une comparaison qui peut-être n'est pas étrangère au sujet, nous dirions que le corps social, comme le corps humain, a des bras, des organes, et un principe de vie qui en anime tous les ressorts : l'ordre civil comme la santé résultent de l'harmonie qui règne entre toutes les parties.

§. III.

Le Gouvernement doit-il salarier l'instruction?

Dans tout Gouvernement représentatif, le premier degré d'instruction est nécessaire à tous : c'est donc une dette publique qu'il n'appartient qu'à la société d'acquitter. Sans cela, ce premier avantage serait bientôt la jouissance exclusive d'un petit nombre ; et l'inégalité, la dépendance, s'établiraient sur les premières marches de l'édifice social.

Le second degré d'instruction n'est plus, à la vérité, le besoin de tous : mais, comme l'intérêt public est étroitement lié à son existence, puisqu'il doit fournir des hommes distingués pour tous les services, la société doit assurer et multiplier ces moyens d'instruction. On peut rigoureusement considérer ces écoles comme une éducation préparatoire pour les sciences, comme les véritables écoles primaires des professions libérales : et, sous tous ces rapports, la société doit les salarier.

L'expérience a prouvé que la somme modique de 24 francs , exigée de chaque élève par la loi du 3 brumaire an 4 , n'a pas pu être perçue , et a rendu les écoles désertes. D'ailleurs , là où se trouve le premier intérêt de l'Etat , doivent disparaître toutes les petites considérations d'une économie déprédatrice. Tarir les sources de l'instruction , ou , ce qui revient au même , ne pas l'offrir à tous , c'est couper les veines du corps politique ; c'est éteindre tout principe d'action , tout moyen de perfectionnement. Ne pas rendre l'instruction première gratuite , c'est imposer le père de famille à la décharge du célibataire ; c'est frapper la population jusque dans son germe ; c'est donner le scandale de la démoralisation.

Eh ! qu'on ne dise pas qu'en rendant ces secondes études faciles , on peut enlever à l'agriculture et aux ateliers les bras dont ils ont besoin. Non , outre que ces institutions sont toutes dans les villes , les dépenses d'entretien , inséparables d'une telle éducation , en éloigneront toujours les enfans des artisans dont les forces s'appliquent de bonne heure , avec avantage , aux travaux du métier de leurs pères. D'ailleurs , nous avons pour nous l'expérience des colléges , où , quelque publique qu'y fût l'éducation , on n'a jamais vu déserter les ateliers pour y courir.

Mais le salaire des instituteurs consacrés à l'enseignement dans ces deux premiers degrés d'instruction , doit-il être pris immédiatement dans le trésor public? Cette question cessera de présenter aucune difficulté , si l'on considère que l'impôt , dont le contribuable vote la levée et dont il surveille le bon emploi , ne porte plus avec lui aucun caractère qui le rende odieux. Il devient une charge locale , librement consentie , dont le produit passe tout entier et presque sans intermédiaire , du contribuable à l'instituteur. Il n'est pas douteux , d'après toutes ces considérations , que les frais de l'instruction dans les deux premiers degrés , ne doivent être payés par les seuls contribuables de l'arrondissement; mais , pour concilier l'intérêt public qui veut une instruction assurée, avec ce mode de fournir à ses frais , il faut prévoir et écarter avec soin tout ce que l'intrigue et quelques considérations d'intérêt de localité pourraient présenter d'obstacles à l'exécution de cette mesure ; nous croyons qu'on y parviendra en prenant partie des frais des écoles primaires ou

municipales sur les centimes additionnels
de l'arrondissement, et partie sur les revenus ou sur une rétribution de la municipalité elle-même. Une semblable considération nous a amenés à faire concourir l'arrondissement et le département à supporter
les dépenses des écoles communales.

Par ce moyen, la demande formée par les
conseils municipaux, pour l'établissement
des écoles municipales, est soumise au conseil d'arrondissement, qui l'approuve ou la
rejette, selon qu'elle est plus ou moins fondée. Ainsi la distribution de ces écoles se fait
de manière à assurer l'instruction sur tous
les points, sans que le fardeau de la dépense
soit inégalement réparti. On suit la même
marche pour les écoles communales, dont
la demande, formée par les conseils d'arrondissement, est soumise au conseil général
de département.

Nous avons distingué un troisième degré
d'instruction, consacré à l'enseignement
spécial des connaissances nécessaires à quelques professions : ici, les études préparent
à l'individu des moyens de subsistance ; et
la société ne doit pas plus fournir aux frais
de cet enseignement, qu'à l'apprentissage
d'un métier. Néanmoins, comme il faut des

établissemens qui offrent la réunion de tous
les moyens nécessaires pour pouvoir acquérir une bonne instruction , le Gouvernement doit préparer , surveiller et assurer
l'enseignement ; il doit assigner et disposer
un local convenable , garantir au professeur
et à l'élève la liberté nécessaire , écarter tous
les obstacles , ne permettre l'exercice des
professions délicates , sur lesquelles le public ne peut prononcer que par suite d'une
expérience toujours dangereuse à acquérir,
qu'après avoir obtenu certitude de capacité.
Le Gouvernement doit faire plus encore ; il
assurera à chaque professeur un salaire modique , mais néanmoins suffisant pour le
rendre indépendant de ses élèves , et le mettre , dans tous les cas , au-dessus des besoins
et de la corruption.

Ce traitement mixte nous paraît le vrai
moyen d'allier l'intérêt de l'élève à l'intérêt
du professeur. En effet, nous voyons dans
toutes les classes de la société , et dans tous
les genres de professions, que la plupart de
ceux qui les exercent ne font des efforts
qu'autant que leur propre intérêt les y con-
traint : ainsi, le professeur qui a un salaire
invariable assuré par le Gouvernement , et
qui n'attend aucune rétribution de la part

de ses élèves ; ne s'intéresse plus également ni à leur nombre ni à leurs progrès : il est en cela bien différent de celui dont les émolumens doivent être fournis par les élèves ; car dès-lors il n'a de ressource que dans leur nombre, qu'il sait devoir être proportionné à la bonté de ses leçons et à l'exactitude qu'il met à remplir ses devoirs. D'ailleurs, l'expérience nous a appris, et *Smith* rapporte d'après elle, que les meilleures écoles spéciales de l'Europe sont celles où le professeur reçoit, par la contribution des élèves, la majeure partie de son traitement.

Nous croyons cependant devoir borner cette manière de faire salarier les professeurs par les élèves, à celles des écoles spéciales qui enseignent une profession lucrative, et donnent le pouvoir exclusif de la pratiquer : telles sont celles de législation et de médecine. Quant aux autres, les unes ne tendent qu'à perfectionner les sciences dont elles s'occupent, ou à former ce qu'on appelle des *amateurs* ; elles n'offrent aucune perspective de fortune ; elles ne présentent à l'élève qu'une occupation digne d'un philosophe, et capable de porter quelques rayons de lumière dans les arts, sans se borner à aucun : telles sont l'école d'histoire naturelle , celle des langues , etc.

Il est d'autres écoles spéciales qui ne sont généralement destinées que pour une classe peu fortunée de la société : celles de musique et celles des arts mécaniques sont de ce nombre. L'artiste dont le fils a mérité d'être reçu dans ces écoles , sacrifie volontiers sa fortune modique pour l'y entretenir ; mais il serait au-dessus de ses forces de payer une rétribution pour le professeur.

Nous pouvons distinguer une troisième classe d'écoles spéciales , dont le but est de former des élèves pour les divers services publics : ici, l'intérêt bien connu du Gouvernement veut que non-seulement les professeurs soient salariés par le trésor public , mais que les élèves en reçoivent une légère indemnité ; car l'élève n'est admis dans ces écoles qu'après un examen préalable , seule manière d'attacher aux services publics tout ce qu'une génération présente de talens distingués.

§. I V.

Quelle part le Gouvernement doit-il prendre dans l'instruction publique ?

L'effet de l'éducation sur l'esprit public est si généralement senti, que chaque Gouvernement s'efforce de l'organiser à son gré : presque par-tout ils nomment les professeurs, prescrivent le mode et la nature de l'enseignement, désignent les seuls ouvrages qui doivent être mis entre les mains de la jeunesse, et s'emparent avec soin de toutes les voies par où pourrait pénétrer quelque principe subversif de l'autorité publique. Cet état habituel de vigilance et de contrainte est la plus sûre sauve-garde de tous les vieux Gouvernemens de l'Europe : blâmer en eux cette active prévoyance qui écarte tout ce qui peut éclairer un peuple soumis, serait leur faire un crime du soin de leur propre conservation. Les Gouvernemens représentatifs, qui n'ont plus les mêmes craintes, ne sauraient suivre la même marche : loin de fuir les lumières, ils doivent les provoquer ; elles sont à-la-fois leur force et leur gloire.

Mais jusqu'à quel point peut s'étendre le pouvoir du Gouvernement sans gêner la liberté publique ? Cette grande question ne peut être éclaircie qu'en suivant progressivement les degrés d'instruction que nous avons déjà établis, et nous la traiterons principalement sous le rapport du choix des instituteurs.

Une école municipale n'est que le supplément de cette première éducation domestique, où les mœurs et les affections s'inspirent plutôt qu'elles ne s'enseignent : un *maître d'école municipale* est donc un ami que le père de famille admet à partager avec lui le doux soin de l'éducation de son fils ; il doit donc avoir toute sa confiance, mériter toute son estime.

Le maître d'école ne peut donc opérer quelque bien que par la confiance qu'on lui porte ; et nulle autorité ne peut commander à ce sentiment, et s'interposer, comme juge, entre le père et l'instituteur : la force du Gouvernement ne serait pas, d'ailleurs, suffisante pour contraindre un chef de famille à confier son fils à l'homme qu'il mésestime ; ce sacrifice n'est pas de ceux qu'on peut exiger. Un Gouvernement sage doit resserrer, de tout son pouvoir, le nœud des familles, bien loin de le briser ; il doit les considérer comme les premiers élémens du bonheur social, et ne pas perdre de vue que là où il n'y a pas de familles, il n'y a pas de cité ; et que là où il n'y a pas de cité, il ne peut exister ni République, ni esprit public.

Ainsi, respecter le pouvoir des pères, entourer d'une protection presque illimitée cette première magistrature, poser les bases du Gouvernement paternel dans le sein même des familles : voilà, je pense, les vrais principes d'une bonne et sage administration.

Le Gouvernement doit donc protéger et multiplier les rapports du père à l'enfant : il doit, par conséquent, intéresser les pères au choix des instituteurs primaires, et laisser à chaque ville, bourg ou village, le droit de confier l'éducation de leurs enfans aux seuls instituteurs qui ont leur estime.

Les écoles secondaires ou *communales* sont déjà moins *domestiques*, pour ainsi dire, que les municipales : les jeunes gens qui s'y présentent, n'inspirent plus aux parens les affections réservées à la faiblesse du premier âge; leur force rend les soins moins nécessaires ; l'enseignement dont ils ont besoin en ce moment , ne peut plus être jugé ou dirigé par le plus grand nombre des pères de famille. Sous tous les rapports, le père abandonne , sans peine, à des personnes instruites, le soin de donner à son fils un instituteur capable ; il desire des hommes probes, éclairés, vertueux, et s'en rapporte , à ce sujet , au choix que peuvent faire ceux de ses concitoyens que l'opinion publique désigne comme bons juges en ce genre.

Les instituteurs des *écoles communales* doivent donc être choisis par un jury : mais il faut garantir ce choix de l'influence des préventions, de la nécessité de le fixer sur des hommes médiocres ; et j'ai tâché d'écarter tous ces inconvéniens dans l'organisation du mode que je propose.

A mesure que nous nous élevons dans la carrière de l'instruction publique, la nomination des professeurs devient de plus en plus importante, et beaucoup plus difficile, en ce que la concurrence des hommes capables se resserre sur un très-petit nombre. Ici la réputation désigne à l'autorité les personnes qui ont des droits à occuper des places de professeurs ; mais les meilleurs juges dans cette matière, sont les professeurs de l'école elle-même ; car, outre les connaissances plus ou moins parfaites qu'ils ont de l'individu, ils sont tous intéressés à appeler dans leur sein les seuls hommes qui peuvent donner à leur école le plus de considération et de célébrité.

Dans tous les cas, le Gouvernement doit confirmer les présentations, et investir le candidat du titre nécessaire pour exercer des fonctions publiques.

Mais, comme tous les professeurs d'une école publique doivent, non-seulement à leurs élèves, mais à la société, l'exemple de toutes les vertus civiles, il faut trouver le moyen de maintenir dans tout le système de l'instruction publique, ce caractère de décence, cette conduite de probité, cette pratique constante de vertus domestiques et civiles, qui forment pour l'élève la véritable éducation morale : et nous pensons qu'une surveillance active de la part du Gouvernement, le droit de destituer les professeurs d'après l'avis motivé d'un jury, peuvent seuls produire l'effet qu'on desire.

Une autre sorte de pouvoir que le Gouvernement peut exercer sur toutes les écoles de la République, c'est le droit incontestable qu'il a de faire des réglemens pour assurer une bonne organisation dans toutes les branches du système de l'instruction publique. Il doit sans doute laisser à l'administration intérieure de chaque école, le soin de graduer l'instruction de manière à la rendre la plus profitable possible ; il doit laisser à chaque individu le droit de présenter la portion d'enseignement qui lui est confiée , dans l'ordre qui lui paraît le plus avantageux pour l'élève : mais il s'assurera que chaque professeur est à son poste; qu'aucune branche d'instruction n'est en arrière ; que les époques des cours, les jours et l'heure des leçons sont marqués et observés ; que la décence règne dans l'école ; que les élèves y conservent ce respect religieux qu'on doit aux personnes investies du droit d'enseigner. Le Gouvernement fera, à ce sujet, tous les réglemens qu'il croira convenables, et il en surveillera l'exécution.

§. V.

L'enseignement, les méthodes de l'enseignement, et la nature de l'instruction doivent-ils être libres ?

L'INSTRUCTION étant le besoin de tous, le Gouvernement ne doit pas laisser au hasard le soin d'y pourvoir.

Mais, par une suite de ce principe, chacun a le droit de concourir à la répandre. Tout privilége est odieux par sa nature ; il serait absurde en matière d'instruction : l'autorité n'a que le droit d'exiger de celui qui exerce la profession d'instituteur, les obligations qu'elle impose à tous les citoyens dévoués à une profession quelconque ; elle a sur lui une surveillance qui doit être d'autant plus active, que l'exercice de cette profession intéresse plus essentiellement la morale publique : là se bornent tous les pouvoirs du Gouvernement ; et d'après ces principes incontestables , l'enseignement doit être libre.

Ainsi, il dérive de la nécessité d'assurer l'instruction et de la rendre générale et accessible à tous, que le Gouvernement doit créer par-tout des écoles publiques ; mais il appartient aux droits d'un chacun, d'ouvrir aussi des écoles, et d'y admettre les enfans de tous ceux qui n'auront pas pour l'instituteur public le degré de confiance nécessaire.

De la liberté de l'enseignement doit naître cette rivalité précieuse entre les instituteurs , qui tourne toujours au profit de la morale et de l'instruction. Gloire, intérêt, amour-propre, cette rivalité met en jeu tous les ressorts qui peuvent produire de grandes actions.

La liberté dans les méthodes d'enseignement, n'est ni moins naturelle, ni moins utile, que la liberté de l'enseignement lui-même. Astreindre l'enseignement à des méthodes générales, le circonscrire dans des lignes tracées par le pouvoir, serait en effacer le plus beau caractère, l'indépendance. Lorsqu'on veut tout prévoir, tout prescrire par des réglemens, l'on étouffe ces développemens heureux, ces ressources inépuisables qui sont le fruit de l'imagination et du génie débarrassés de toute entrave : en un mot, croire tout faire, est la plus absurde vanité ; vouloir tout régler, est la plus funeste manie.

Dans l'art si difficile de cultiver les facultés de l'homme, il existe un nombre infini de détails secrets qui sont tout-à-fait inaccessibles à la loi et aux réglemens ; c'est ce qui fait que l'art d'enseigner n'est pas toujours en rapport avec le savoir.

La méthode d'enseignement doit varier, non-seulement par une suite de la différence qui existe dans les facultés des professeurs, mais même par suite des dispositions qu'apporte l'élève.

Mais, peut-être, le plus grave inconvénient des méthodes uniformes et prescrites, serait celui de n'exciter aucun effort de la part du professeur de borner ses idées dans le cercle étroit qui lui est tracé ; de refroidir l'enthousiasme nécessaire pour vaincre les dégoûts de l'enseignement , et de ne plus présenter de dédommagement à cet amour de la nouveauté, qui seul peut produire de très-grands effets.

Désigner à chacun le genre de science qu'il doit enseigner, lui marquer le temps qu'il doit donner à l'instruction ; c'est le devoir du Gouvernement : mais tracer la marche des idées , donner des bornes à la pensée et aux moyens de la développer; c'est le genre de tyrannie le plus insupportable , par cela seul qu'il s'attache à ce que l'homme a de plus indépendant.

On n'a peut-être pas assez réfléchi sur ces principes , lorsqu'on a proposé de composer des livres élémentaires pour l'instruction, à l'enseignement desquels tous les professeurs seraient astreints. C'est, sans y songer, tracer le cercle dont nous venons de parler, et arrêter la marche de l'instruction, sous prétexte de la régulariser. Sans doute il faut composer des livres élémentaires ; mais il faut se garder de faire une loi de leur enseignement exclusif. L'élève et le professeur ne tarderaient pas à tourner autour de quelques idées triviales, sans se douter que les bornes de la science sont indéfinies et que sa carrière est sans limites.

Ici se présente une question du plus grand intérêt. Le Gouvernement peut-il déterminer la nature de l'instruction ? peut-il astreindre un instituteur à n'enseigner que ce qu'il juge convenable ?

Pour résoudre une question de cette importance, nous devons distinguer l'enseignement public ou salarié d'avec l'enseignement donné par des particuliers.

Le Gouvernement peut sur le premier ce qu'il ne peut pas sur le second. En effet, dans le premier cas, les instituteurs sont fonctionnaires publics ; leur création est faite en vertu de la loi ; la science qu'ils enseignent est désignée par elle ; les réglemens concernant l'école publique sont arrêtés par le Gouvernement : c'est ici une véritable institution nationale ouverte à tout le monde, mais qui n'est forcée pour personne. La loi peut donc prescrire le seul genre d'instruction qui y sera donné , et le Gouvernement peut y organiser l'enseignement comme il le trouve convenable.

Il n'en est pas de même à l'égard de l'instituteur privé. Ici c'est un simple citoyen qui se dévoue à l'enseignement, et qui contracte des engagemens avec le père de famille qui lui confie ses enfans : le Gouvernement n'a de pouvoir sur sa personne et dans sa maison , que sous le double rapport des mœurs publiques et de la tranquillité et sûreté de l'Etat ; hors de là, tout serait de sa part vexation et tyrannie. Le Gouvernement peut donc exiger que nul ne puisse exercer la profession d'instituteur s'il n'est *citoyen français* , s'il n'a prêté serment de *fidélité à la Constitution* , s'il n'a déclaré à l'autorité locale qu'il ouvre une *école d'instruction :* mais cela fait, il n'a plus qu'une surveillance de police à exercer : la nature de l'instruction est pleinement au choix de l'instituteur. Et s'il en était autrement, quelles affreuses conséquences ne verrions-nous pas en découler ! Le Gouvernement, maître absolu de l'instruction, pourrait tôt ou tard la diriger au gré de son ambition ; ce levier, le plus puissant de tous, deviendrait peut-être , dans ses mains , le premier mobile de la servitude ; toute émulation serait éteinte, toute pensée libre serait un crime ; et peu à peu, l'instruction, qui par sa nature doit éclairer, bientôt dégénérée dans la main de quelques instituteurs timides, façonnerait toute une génération à l'esclavage.

On ne doit pas perdre de vue (et le plus grand éloge qu'on puisse faire du Gouvernement actuel , c'est de pouvoir énoncer cette vérité) que tout Gouvernement tend à une domination arbitraire : l'instruction seule remet continuellement sous les yeux du peuple ses droits et ses devoirs : elle est donc le vrai et le seul correctif ou régulateur de la tendance naturelle du Gouvernement vers le pouvoir absolu : mais , le jour où le Gouvernement pourra la diriger, elle perd son principal caractère ; elle devient dans ses mains , un moyen puissant de servitude ; et loin de contre-balancer la propension trop prononcée du Gouvernement vers la tyrannie , elle l'y précipite.

Conservons donc l'indépendance de l'instruction : elle sera la sauve-garde de la liberté ; et avec les dispositions et les intentions dont le Gouvernement actuel est animé, elle en fera toute la force.

§. VI.

Quelles sont les bases que le Gouvernement doit adopter pour diviser et distribuer l'instruction sur le sol de la République?

Un bon système d'enseignement doit offrir les ressources de l'instruction partout où elle est nécessaire : mais comme la même école peut admettre, sans confusion et sans danger, un certain nombre d'individus, il faut d'abord calculer le nombre des écoles sur la population.

Cette base, qui a été constamment prise pour règle de conduite, doit néanmoins recevoir quelques restrictions. En effet, les habitations sont éparses sur une grande partie du sol de la République, les communications sont plus ou moins faciles ; de sorte qu'en exigeant, à la rigueur, un nombre déterminé d'habitans, et fixant l'établissement d'instruction au centre, les distances ou les difficultés de chemin pourraient être telles, que les élèves de la circonférence ne pussent pas constamment se rendre à l'école. Déjà cette difficulté avait été applanie par l'établissement des *paroisses :* et, comme

nous sommes convaincus que la source de
toutes nos erreurs dans les institutions politiques, provient de ce que nous n'avons
pas assez tenu compte du résultat de l'expérience des siècles que nous avons constamment confondu avec la marche éphémère
des opinions, nous croyons qu'il faut en
revenir à ces démarcations tracées par les
convenances, à ces divisions, à ces circons-
criptions qui, depuis long-temps établies et
pratiquées, présentent des moyens faciles
de communication, et offrent une telle suite
de relations, d'habitudes entre les habitans,
qu'on peut les considérer comme formant
des associations particulières. C'est donc en
partant de ces anciennes divisions, heureu-
sement rétablies et consacrées presque toutes
par la loi organique de l'administration civile, qu'on peut établir les écoles municipales.

Mais comme, d'un côté, il existe des municipalités trop peu peuplées pour fournir
à une école municipale, et qu'il en est un
très-grand nombre dont la population en
exige plusieurs, les conseils municipaux doivent en exprimer la demande, pour que les
conseils d'arrondissement prononcent sur
le besoin et en fixent le nombre.

En partant des considérations que nous venons d'établir, et combinant les résultats du sol avec ceux de la population, nous pouvons, dès à présent, fixer par approximation le nombre d'écoles municipales nécessaire à l'instruction.

Supposant que les écoles municipales soient ouvertes à tous les enfans depuis l'âge de sept jusqu'à celui de douze ans, et calculant sur une population totale de trente millions d'individus en France, *Condorcet* estime que le dixième en est destiné à ces écoles ; ce qui ferait trois millions. Le calcul des probabilités de la vie nous mène à des résultats semblables : car trente millions de population supposent

571,908 enfans des deux sexes de l'âge de	7	ans,
560,700 .... de	8	
553,713 .... de	9	
548,192 .... de	10	
544,419 .... de	11	

2,778,932.

Si à présent nous supprimons de ce calcul, 1°. les personnes du sexe qui en forment la moitié, 2°. un sixième qui sera élevé dans la maison paternelle ou chez des instituteurs privés, il ne restera plus pour

les écoles primaires que 1,157,889, c'est-à-
dire, à-peu-près le trentième de la population.

Admettant ensuite, pour terme moyen,
cinquante élèves par école, il faudrait pour
toute la République environ 23,155 *écoles
municipales*.

A mesure qu'on s'éloigne de cette première instruction publique, le nombre des
élèves diminue avec une progression ra-
pide.

Au sortir des écoles municipales, un
sixième au plus se consacre à des études
plus relevées ; tout le reste rentre dans
les ateliers, ou se livre aux travaux de
l'agriculture.

On peut donc borner à 251,577, tous les
jeunes gens qui se destinent à entrer dans
une nouvelle carrière d'instruction : mais
cette portion de jeunesse appartient, pour
moitié, à cette classe fortunée de la société qui
préfère constamment l'éducation des pensionnats à celle des établissemens publics :
d'un côté, la surveillance plus directe que les
parens conservent sur leurs enfans ; de l'autre, la faculté qui leur est laissée de diriger
leurs études d'après leurs opinions ou leur
but, maintiendront toujours ces établisse-

mens particuliers à côté des établissemens publics : ils seront même plus fréquentés, tant que ces derniers n'obtiendront pas, pour leur régime intérieur ou la nature des études, l'assentiment des parens. Il est plus facile d'ouvrir des écoles que d'y faire entrer la confiance publique; c'est une vérité malheureusement acquise par une trop longue expérience.

On peut donc réduire à environ cent mille les jeunes gens qui réclament une seconde instruction publique pour se préparer à remplir les diverses fonctions de la société. Ces jeunes gens sont presque tous habitans des villes : là se trouvent les besoins multipliés de la société; et là, par conséquent, doivent se préparer et être enseignés les moyens d'y satisfaire. C'est donc dans les villes qu'on doit établir les écoles communales.

Ici, sur-tout, on doit consulter la population : car les besoins de la société, et conséquemment les moyens d'instruction, doivent varier selon qu'elle est plus ou moins considérable.

En partant des calculs approximatifs de la probabilité de la vie, une ville de huit mille habitans n'a que quatre cent quarante jeunes gens de douze à dix-sept ans : or il est constant que le sixième au plus se destine à suivre la carrière des études libérales ; ainsi une ville de huit mille habitans ne compte que soixante-treize enfans qui puissent entrer dans l'école communale ;

Une ville de   10,000 en a   88.

               20,000. . . . 176.

               25,000. . . . 220.

          100,000. . . . 880.

Ce nombre s'accroît à-peu-près du double par les enfans de la campagne ; mais comme les établissemens particuliers d'éducation en prennent la moitié, il ne reste pour l'instruction publique que le nombre porté ci-dessus.

Il serait donc aussi ridicule qu'inconvenant, de placer, dans chaque chef-lieu d'arrondissement, les mêmes ressources pour l'instruction : le Gouvernement doit partout les proportionner au besoin. Sous l'ancien régime, on avait si bien senti cette vérité, qu'il n'existait, par exemple, qu'un seul collége dans toute l'étendue du département de *la Lozère*, tandis que dans celui de *l'Hérault*, dont la population totale n'excède pas de moitié celle de *la Lozère*, il en existait cinq ; et que *l'Aveyron*, où la population est supérieure à celle de *l'Hé-rault*, n'en possédait que trois.

Au reste, il est impossible, sans s'expo-ser à de graves erreurs, de distribuer *à priori* les établissemens d'instruction com-munale : on ne peut jamais avoir des don-nées suffisantes à ce sujet ; et il faut s'en rapporter à la sagesse, à l'intérêt et aux connaissances des conseils d'arrondisse-ment. C'est pour avoir voulu tout prévoir, tout arrêter, tout symétriser, que le dépar-tement du *Nord*, dont la population s'élève à huit cent huit mille cent quarante-sept habitans, et qui possède cinq à six villes considérables, n'a que son école centrale, comme le département des *Alpes Mari-times*, dont la population ne se porte qu'à quatre-vingt-treize mille trois cent soixante-six.

Mais c'est sur-tout pour l'établissement des écoles spéciales qu'il faut consulter les localités, pour trouver les ressources néces-saires à l'instruction.

Il est des points marqués sur la France, où l'enseignement de certaines sciences et de quelques arts s'est établi par un con-cours de circonstances, quelquefois for-tuites, plus souvent locales, mais que nous devons respecter pour ne pas perdre le fruit de ces heureuses institutions.

C'est sur-tout dans le choix de l'emplacement des écoles spéciales, qu'il serait dangereux de tracer sur le sol de la France, le compas à la main, les lieux où l'on doit les établir. Je ne connais que deux principes qui puissent guider dans ce choix : d'un côté, l'exemple du passé, qui a vu prospérer pendant des siècles, sur un point déterminé, tel art ou telle science; de l'autre, une réunion bien établie d'hommes capables de bien enseigner.

D'après cela, nous proposerons de conserver les trois écoles de médecine créées par la loi du 14 frimaire an 3 : elles suffisent à l'instruction; elles prospèrent : craignons d'ébranler leur organisation, et bornons-nous à y porter quelques modifications demandées par l'expérience de six années.

L'établissement des vingt-neuf tribunaux d'appel paraît avoir déterminé d'avance le siége des écoles de droit : là, la réunion de presque tous les degrés de la hiérarchie judiciaire, et les leçons des premiers talens dans la science de la législation, offrent des ressources que l'élève ne saurait rencontrer ailleurs.

L'art vétérinaire, dont une nation agricole peut retirer de si grands avantages, possède déjà deux grands établissemens qui méritent une protection spéciale de la part du Gouvernement : les écoles d'*Alfort* et de *Lyon* seront donc conservées et améliorées.

L'école des mines ; le conservatoire de musique ; celui des arts et métiers ; l'école de peinture, sculpture, architecture ; celle d'histoire naturelle, établie au Jardin des Plantes ; l'école polytechnique, celle des ponts et chaussées ; tous ces utiles établissemens ne peuvent prospérer qu'à Paris, parce qu'indépendamment de la réunion des savans et des artistes les plus distingués de l'Europe qui s'y dévouent à l'enseignement, on ne peut pas se flatter de trouver ailleurs, au même degré, ce goût exquis, cet esprit philosophique, cette émulation que donnent de grands exemples et qu'inspirent les talens supérieurs.

§. V I I.

Des Pensions de retraite.

Le vrai moyen d'attacher à l'instruction publique les hommes qui se dévouent à suivre cette carrière difficile , se borne,

1°. A accorder à leurs honorables fonctions cette considération sans laquelle leur profession n'est bientôt qu'une servitude.

2°. A leur assurer un traitement suffisant pour éloigner tout prétexte de cultiver concurremment une autre profession , et pour écarter loin de leurs occupations journalières le sentiment pénible ou la crainte fondée d'un manque de subsistance.

3°. A présenter à l'instituteur, pour terme d'une longue et honorable carrière , une retraite suffisante pour mettre ses vieux jours à l'abri de l'inquiétude ou des besoins.

Cette retraite est un devoir du Gouvernement vis-à-vis de l'instituteur ; et si elle n'est assurée , si elle n'est suffisante , tout le système de l'instruction publique pèche par la base, la justice.

Il faut donc que la munificence nationale suive l'instituteur jusque dans sa retraite, et qu'au moins la certitude de jouir de la moitié de ses appointemens lui présente l'avenir, non comme un terme où la misère l'attend, mais comme le repos mérité de ses longues et importantes fatigues.

Le maître d'école doit donc jouir de la

moitié de son traitement, après vingt ans de service effectif dans le même arrondissement.

L'instituteur communal jouira pareillement d'une moitié de son traitement après vingt années d'exercice.

Les professeurs des écoles spéciales de médecine et législation, jouiront de tout leur traitement fixe; ceux des écoles spéciales où il n'y a qu'un traitement fixe, jouiront de la moitié.

Lorsqu'un professeur aura atteint le temps de service fixé pour sa retraite, il jouira, en sus de son traitement, d'un quart de sa pension de retraite pendant les dix premières années, s'il continue ses fonctions; de la moitié, pendant les dix années subséquentes; des trois quarts, pendant les dix qui suivront; et de la totalité après ce terme.

Néanmoins, le bien de l'enseignement paraît exiger que le professeur qui a droit à la pension de retraite, soit tenu de renoncer à l'instruction publique, si l'autorité qui doit pourvoir à son remplacement le juge incapable de continuer à en remplir les fonctions.

ORGANISATION de l'Instruction publique en France.

NOUS croyons pouvoir réduire à trois degrés tout le système d'instruction publique nécessaire à l'état actuel de la France.

Le premier comprend les *écoles municipales ;*

Le scond, les *écoles communales ;*

Le troisième, les *écoles spéciales.*

Les écoles municipales sont communes à tous, et destinées à enseigner à chacun ce qu'il est presque nécessaire de savoir dans un Gouvernement représentatif, lire, écrire, chiffrer, et connaître les élémens du pacte social.

Les écoles communales ont pour objet d'enseigner les connaissances générales qu'il n'est pas permis d'ignorer dans la société, et qui forment la base de toutes les professions libérales.

Les écoles spéciales sont destinées à l'enseignement particulier d'une seule science ou d'un art.

Nous plaçons au-dessus de ces écoles un *institut des sciences et des arts,* destiné par son organisation à conserver, à publier, à perfectionner. C'est, pour ainsi dire, le faîte de l'édifice consacré à l'instruction.

Nous allons nous occuper séparément de l'organisation de chacune de ces écoles.

TITRE Ier.

ORGANISATION DES ÉCOLES MUNICIPALES.

1°. *Répartition des Ecoles municipales.*

Le conseil municipal de chaque ville, bourg ou village, est chargé, par la loi du 28 pluviôse an 8, de délibérer sur les besoins particuliers et locaux de la municipalité.

C'est donc entrer dans l'esprit de la loi, et donner à ces institutions paternelles ce caractère de confiance qui en assure le succès, que de laisser aux conseils municipaux le soin de former la demande d'une ou plusieurs écoles municipales, selon le besoin. Et qui, mieux que les hommes qui forment ces conseils, peut connaître les besoins de la commune? qui, plus qu'eux, a intérêt à donner à leurs enfans une éducation convenable?

Mais on ne peut pas se dissimuler que si le vœu des conseils municipaux recevait son accomplissement sans être préalablement soumis à l'examen du conseil d'arrondissement, qui, par la nature de son institution, doit délibérer sur toutes les dépenses communales, il pourrait en résulter de très-grands abus. La plus petite municipalité, celle dont la population n'est composée que de quelques familles, aurait aussi son école municipale ; et dès-lors on les verrait se multiplier à l'infini. Il faut donc balancer l'intérêt municipal par l'intérêt communal, et soumettre le vœu du premier à la sanction du second ; sans cette sage mesure, la fortune publique serait toute à l'arbitraire des municipalités.

Ainsi, les conseils municipaux exprimeront leur vœu et motiveront leur demande d'une école municipale, tant sur la population que sur les circonstances des localités. Le conseil d'arrondissement fournira son avis au sous-préfet, qui prononcera d'une manière définitive.

Cette marche paraît concilier ce qu'on doit à l'instruction, avec cette sage prévoyance qui doit tenir également en garde contre les intérêts particuliers et le mauvais emploi de la fortune publique.

2°. *Nomination des Maîtres d'écoles municipales.*

Nul ne pourra être élu maître d'école municipale, s'il n'est citoyen français.

Le choix du maître d'école sera fait par le conseil municipal réuni à un nombre égal de pères de famille. Ce choix sera transmis au sous-préfet de l'arrondissement, qui confirmera ou rejettera la nomination : dans ce dernier cas, il sera tenu de motiver son refus ; et le conseil présentera un second citoyen, en observant la même marche.

Nous pensons que ce mode de nomination concilie le degré de déférence qu'on doit aux conseils municipaux, avec les considérations puissantes de l'intérêt public, qui, dans beaucoup de cas, pourrait être compromis si les choix des conseils étaient définitifs.

3°. *Salaire des Maîtres d'école.*

Il n'est pas naturel que le salaire des maîtres d'école soit exclusivement perçu sur la municipalité ; car il s'ensuivrait que les plus pauvres et les moins peuplées seraient taxées à l'égal de toutes les autres.

Le salaire de tous les maîtres d'école doit être pris, en partie, sur la totalité de l'arrondissement : c'est pour cette raison que nous avons pensé que la création d'une école devait être délibérée par le conseil de l'arrondissement, et prononcée par le sous-préfet, pour éviter les combinaisons d'un intérêt sordide qui quelquefois pourrait entraîner la détermination du conseil.

Pour alléger le fardeau de cette nouvelle imposition, on croira sans doute avantageux de pouvoir confier au maître d'école, sous la direction du maire, la tenue du registre de l'état civil, et la correspondance municipale. Cette fonction, très-compatible avec celle d'instituteur, assurera à la tenue du registre de l'état civil, l'ordre que réclame cet objet de haute importance ; elle aura, en outre, l'avantage de remplacer le commis ou secrétaire que les quatre cinquièmes de nos municipalités sont tenues de salarier, par suite de l'impossibilité où sont les maires et adjoints de remplir leurs obligations à cet égard : mais cette fonction ne sera exercée par l'instituteur, que dans les seuls cas où la municipalité ne pourrait pas la remplir par elle-même.

Le traitement d'un maître d'école ne saurait être moindre de 400 francs dans les villes au-dessous de cinq mille habitans ; de 5oo francs dans celles de cinq mille à dix mille ; de 6oo francs, lorsque la population s'élève de dix mille à trente mille ; de 8oo francs, de trente à cinquante mille, et de 1,ooo francs au-dessus.

Outre le salaire fixé ci-dessus, il doit être assigné un logement au maître d'école ; les presbytères mis à la disposition des municipalités par la loi du 7 brumaire an 3 pour y loger l'instituteur, et réservés de la vente par celle du 26 fructidor an 5, seront employés à cet usage, si la disposition en est encore libre ; et dans le cas contraire, le conseil municipal y suppléera aux frais de la commune.

4°. *Nature de l'instruction qui sera donnée dans les Écoles municipales.*

L'instruction doit être bornée, dans ces écoles, aux seules connaissances qu'il n'est plus permis à un citoyen français d'ignorer ; ces connaissances se réduisent à savoir lire, écrire, chiffrer, et à quelques notions précises de la Constitution que le peuple français s'est donnée.

Quoiqu'aucun de ces objets n'exige une attention bien suivie ni des combinaisons profondes, les enfans ne doivent être reçus dans ces écoles qu'à l'âge de six à sept ans : jusque-là, les soins maternels forment la véritable éducation. Les élèves doivent sortir de ces écoles à onze ou douze ans, pour passer à d'autres études ou rentrer dans la maison paternelle.

T I T R E I I.

ORGANISATION DES ÉCOLES COMMUNALES.

1°. *Répartition des Écoles communales.*

LES écoles communales ne peuvent être placées que dans les villes : là se trouvent réunis les élèves et les moyens d'instruction.

Ce serait rendre ces écoles trop nombreuses, que d'en former une par arrondissement, puisque, sous l'ancien régime, l'étendue actuelle de quelques-uns de nos départemens n'avait qu'un seul collége qui suffisait à l'enseignement.

Ce serait peut-être encore se déclarer contre les convenances de quelques locali-

tés, que d'arrêter en principe que l'établissement des écoles communales se fera dans
le chef-lieu de l'arrondissement ; parce que,
outre que le chef-lieu n'en est pas toujours
la ville la plus peuplée, il peut ne pas offrir
un local convenable à l'emplacement de
l'école.

D'après cela, nous croyons très-sage d'en
référer au conseil d'arrondissement, et , sur
son avis, à celui du département , tant pour
juger de l'avantage que de l'emplacement de
l'école.

Il suffit d'arrêter en principe que chaque
département ne pourra pas avoir moins
d'une école communale , et que celles qui
existent , sous le titre d'*écoles centrales ,*
conserveront l'emplacement qui leur est
affecté.

2°. *Nomination des Instituteurs.*

Mais les écoles communales étant établies
dans une des villes de l'arrondissement, il
serait impossible aux habitans des campagnes ou des villes voisines de profiter de
l'instruction publique , si la nation n'ou-
vrait pas à leurs enfans les ressources d'un
pensionnat près de chaque école.

Outre l'avantage inappréciable que présentent ces maisons pour l'instruction publique, le Gouvernement peut les rendre plus utiles encore, en y entretenant, à ses frais, quelques élèves peu fortunés qui auraient déjà manifesté des dispositions pour les arts ou les sciences. Ces élèves, salariés par le Gouvernement, pourraient être réunis au nombre de huit dans chaque ecole de l'arrondissement de la préfecture : leur entretien peut être regardé comme un bien faible dédommagement des sacrifices qu'ont faits les départemens à la révolution, par l'abandon ou la suppression des *bourses* des colléges ; et il est peut-être d'une saine politique de faire refluer vers les départemens, une portion de cette libéralité qu'on a voulu réserver toute entière pour la capitale.

Mais comment, et par quels moyens, se mettre à couvert de l'intrigue dans la distribution de ces places ? comment se flatter d'appeler à ces pensions gratuites les plus capables et les plus dignes parmi tant de concurrens ? Je ne vois qu'un moyen pour y parvenir ; et ce moyen, je vais le puiser dans le résultat de l'expérience.

Il n'est aucun de nous qui ne se rappelle avec émotion ces premiers temps de notre enfance, où de longs et pénibles travaux n'avaient pour but que d'obtenir une honorable distinction parmi nos concurrens, à la fin de chaque année de scolarité. L'homme n'est jamais plus sensible à la louange que dans la première jeunesse; et le plus puissant mobile de l'éducation publique, c'est peut-être l'art d'exciter et de nourrir cette sainte émulation qui produit de si grands effets.

Ainsi, nous n'irons pas organiser la dissimulation ou imprimer la terreur dans les écoles par des visites inquisitoriales ; mais chaque année, à des époques marquées, et en présence des autorités constituées, les instituteurs publics et particuliers seront invités à présenter quelques-uns de leurs élèves pour être examinés, par un jury, sur les matières qui auront été annoncées trois mois d'avance. Là, l'élève et l'instituteur recevront le tribut d'éloges qu'ils méritent ; et les magistrats leur remettront, au nom du Gouvernement, les récompenses nationales. Les noms des élèves et des professeurs qui auront été distingués, seront proclamés dans tout le département.

C'est parmi les jeunes gens qui auront été couronnés, qu'on choisira pour compléter le nombre des élèves salariés de l'école du département.

Ces élèves salariés, après avoir terminé leurs études, pourront servir dans le pensionnat en qualité de *répétiteurs*, et s'exercer peu à peu dans l'art de l'enseignement, de manière à fournir au Gouvernement une pépinière inépuisable de bons professeurs.

Cependant, il faut en convenir, si les écoles de département peuvent présenter des ressources suffisantes pour former des professeurs dans quelques parties, il s'en faut de beaucoup qu'elles offrent les mêmes moyens pour quelques autres, telles que le dessin, les belles-lettres, l'histoire naturelle, la physique et la chimie. On n'aura de bons maîtres pour ces dernières sciences, qu'en les prenant à Paris : là, outre qu'elles y sont enseignées par les premiers professeurs de l'Europe, il existe auprès de ces écoles, des hommes du plus grand mérite, voués par passion à leur étude, et qui desirent ardemment de se consacrer à leur enseignement. Ainsi, nous devons regarder l'école d'histoire naturelle au jardin des plantes, l'enseignement au collége de France, et l'école de peinture, sculpture, architecture, comme trois écoles normales destinées à fournir des professeurs pour les parties dont nous venons de parler. Du moment que l'enseignement de l'une de ces sciences viendra à vaquer dans un département, le préfet en préviendra le ministre de l'intérieur, qui ouvrira un concours, dans l'une ou l'autre de ces écoles, pour nommer à la place vacante.

Le jury départemental nommera à toutes les autres places, d'après le résultat d'un examen ou concours dont il sera parlé ci-après.

3°. *Salaire des Instituteurs.*

Le salaire des instituteurs doit être pris partie sur l'arrondissement et partie sur le département. Là où il existe encore des revenus provenant de fondations ou de bourses, et réservés à leur destination par la loi du 25 messidor an 5, la jouissance en sera donnée aux écoles communales, ainsi que les maisons des colléges que la loi du 25 messidor an 4 affecte à l'enseignement public.

Le salaire des instituteurs doit nécessairement varier selon la population de la ville où l'école se trouve établie.

4°. *Instruction dans les Ecoles communales.*

L'instruction, dans les écoles communales, doit se borner à l'enseignement de ce qui est strictement nécessaire pour se livrer, avec quelque probabilité de succès, à l'étude des sciences qui forment une profession libérale, ou pour occuper un rang distingué dans la société.

On ne perdra pas de vue que l'enseignement, dans les écoles communales, ne doit se fixer que sur les parties que l'élève ne peut pas apprendre sans secours étranger. Ce serait embarrasser les écoles de professeurs inutiles, que de confier à des hommes le genre d'instruction qui peut être fourni par un bon livre.

Ainsi les seules sciences expérimentales, et celles dont l'analyse est tellement compliquée que les facultés de l'élève ne sauraient la saisir, doivent avoir un enseignement public dans les écoles communales.

L'instruction n'est profitable qu'autant qu'elle est graduée ; et on peut établir cette graduation de la manière suivante :

En supposant que le cours d'étude, dans les écoles communales, soit de quatre années, on peut employer la première à l'étude de la Grammaire française et des premiers élémens de la Langue latine. On continuera, dans la seconde année, l'étude des langues , et on apprendra les élémens de l'Histoire naturelle et de la Géographie.

Dans la troisième année, on poursuivra les mêmes études en leur associant celle des élémens de Mathématiques et de Physique ; et la quatrième année sera entièrement consacrée à la Littérature ancienne et moderne , et à la continuation des premières études.

Chaque jour, et pendant tout le temps de scolarité, on s'occupera du Dessin.

Cette marche paraît présenter les sciences dans le rapport qu'elles ont ou avec nos facultés , ou avec nos besoins.

En effet , l'expérience des plus habiles professeurs des écoles centrales, a, depuis plusieurs années , justifié la méthode de commencer l'instruction par l'enseignement de la Grammaire française. Les raisonnemens qui s'appliquent à des choses connues, nous font contracter insensiblement et sans effort l'habitude de la réflexion, en nous donnant le sentiment de l'utilité de ces connaissances. C'est en partant de ce principe, que nous plaçons l'histoire naturelle sur les premiers pas de l'élève : dans cette science tout l'intéresse; et ceux qui ont étudié l'élève dans le premier développement de ses facultés, l'ont vu constamnrent se livrer avec ardeur à l'étude de l'histoire naturelle, et contracter presque toujours de la passion pour cette science.

Mais ce serait étrangement s'abuser, que de prétendre porter l'attention d'un jeune homme sur toutes les branches de cette science infinie. Il s'agit moins de lui enseigner l'histoire naturelle proprement dite, que de présenter à l'œil tout ce qui a un rapport direct avec les besoins de la société. Il n'est pas question de décrire toutes les plantes, d'expliquer tous les systêmes, de faire connaître tous les animaux ; il faut borner l'étude à ce qui a un rapport direct avec les arts, l'agriculture, le commerce ; par-tout sacrifier le curieux à l'utile, et ne voir, dans tout l'enseignement, que les applications à la société.

L'étude des mathématiques n'est pas moins utile que les précédentes. Cette science peut être considérée comme une langue abrégée qui s'applique à tout, et nous présente des résultats rigoureux qui deviennent pour nous des axiomes de conduite dans presque toutes les opérations des arts et des sciences. La géométrie sur-tout paraît être d'une utilité plus générale ; et l'insti-tuteur ne peut pas négliger d'en faire l'ap-plication à tous les arts dont les principes dérivent de cette science.

L'étude des langues anciennes est beau-coup trop négligée de nos jours. Peut-être, sous l'ancien régime, leur donnait-on trop d'importance en rendant leur enseignement presque exclusif ; mais aujourd'hui nous sommes descendus dans l'excès contraire. C'est cependant par l'étude des langues an-ciennes que nous apprenons l'histoire des peuples les plus célèbres ; que nous y pui-sons cet esprit de philosophie, ce sentiment de liberté, ces exemples de courage, de dé-vouement, de magnanimité, qui nous ren-dent capables des plus grandes choses. C'était sur-tout cette étude des langues anciennes, qui, établissant des rapports presque directs avec tous les grands hommes de l'antiquité, faisait germer dans l'ame des élèves, les principes du plus pur républicanisme.

L'étude des belles-lettres est encore néces-saire à la jeunesse, et intéresse de très-près la gloire de la nation : révoquer en doute ce double avantage, ce serait méconnaître ce que nous devons aux littérateurs distingués qu'a produits la France. Notre langue n'est devenue presque universelle , que parce qu'elle a fourni des modèles dans tous les genres de littérature; et il serait impolitique de ne pas conserver et multiplier par l'enseignement , les titres glorieux de cette illustration.

On pourra encore établir auprès de plusieurs écoles , l'enseignement de quelques-unes de nos langues vivantes. Les rapports commerciaux, les communications avec les peuples voisins, rendent souvent ces études nécessaires ; mais nous devons laisser aux conseils généraux de département, le soin d'apprécier l'avantage de telle ou telle langue.

Nous pensons aussi qu'il est avantageux de conserver, dans les grandes communes, les cours de physique et chimie. On ne saurait trop répandre ces connaissances; et notre système d'instruction serait incomplet, s'il n'en présentait pas l'enseignement dans quelques-unes des villes principales de la République.

Indépendamment de ces connaissances , qui font la base de l'instruction communale, il importe de diriger les affections de la jeu-

nesse vers la vertu ; de créer de bonnes
mœurs par l'exemple et la pratique de tous
les actes d'humanité , de justice, de recon-
naissance , de respect , d'amour filial , de
soumission aux lois : ce sont-là les élémens
de la morale publique ; elle s'inspire plutôt
qu'elle ne s'enseigne ; et nous croyons devoir confier ce soin important au directeur
de l'école , qu'une réputation de vertu et de
considération personnelle , doit seule élever
à cette place. C'est pour cette raison que nous
en confions le choix , non aux résultats d'un
concours , mais à la sagesse du conseil d'arrondissement, qui seul peut juger la moralité de l'individu.

Mais l'enseignement des écoles communales ne produira l'effet qu'on doit en attendre , qu'autant qu'on y établira un bon
système d'organisation, et qu'on y graduera
l'instruction de manière à l'élever, par degrés , des notions les plus simples jusqu'aux
connaissances les plus difficiles : il faut que
l'étude du jour prépare et dispose à celle du
lendemain. Rien ne mérite une plus sérieuse
attention de la part du Gouvernement ; et
c'est par des réglemens sages , exécutés rigoureusement sous la surveillance du directeur de l'école , qu'il s'acquittera de ses de-

voirs à cet égard. Il faut que l'enseignement
soit continu presque toute l'année ; que la
durée et l'heure de chaque leçon soient tracées et observées ; que la graduation la plus
exacte règle la marche des études ; que l'ordre, l'obéissance, soient absolus de la part
de l'élève ; que l'assiduité soit exigée ; que
des peines soient établies et appliquées ; que
chaque élève subisse des examens en entrant
et en sortant d'une classe ; que le professeur
commande à l'élève ; que le directeur surveille le professeur , et le dénonce à l'autorité dans le cas d'insoumission à ses avis :
sans cela, nous avons beau créer l'instruction, nous continuerons de manquer d'enseignement ; car c'est sur-tout cette absence
de toute organisation qui rend les écoles
centrales désertes. Et comment pourrait-on
se flatter qu'un père enverra son fils à l'é-
cole, sans qu'on lui donne la certitude qu'on
y surveillera sa conduite, qu'on dirigera ses
études, et qu'on l'y occupera toute l'année ?

TITRE III.

ORGANISATION DES ÉCOLES SPÉCIALES.

L'ÉCOLE spéciale est celle dont l'enseignement est borné aux connaissances né-

cessaires pour exercer un art ou une profession.

On ne peut créer d'école spéciale que pour
l'enseignement des arts et des sciences difficiles , et fondés sur des principes dont la
connaissance doit précéder la pratique. On
doit sur-tout organiser des écoles spéciales
pour ceux des arts ou sciences qui ont un
pouvoir plus marqué sur la prospérité du
peuple , la gloire nationale , la sûreté de l'E-
tat , l'extension du commerce.

C'est en partant de ces principes que nous
consacrerons des écoles spéciales à l'enseignement de la médecine , de la législation ,
des arts mécaniques et chimiques , de l'histoire naturelle, de l'agriculture et économie
rurale , de l'art vétérinaire , de l'art du dessin et de la musique.

Ces écoles ne peuvent pas être symétri-
quement distribuées sur le sol de la République : il faut , pour les établir convenablement , une réunion d'hommes habiles , et
des circonstances de localité qui, si elles sont
négligées , peuvent faire échouer les projets
les plus utiles.

Nous ne parlerons pas ici des écoles spéciales de service public ; elles sont organisées
par la loi du 3o vendémiaire an 4 , ou par

des lois postérieures, telles que celle du 25 frimaire an 8 , concernant la réorganisation de l'école polytechnique. Le plus grand nombre de ces écoles est en activité, et les autres n'attendent que des circonstances plus heureuses qui leur impriment le mouvement nécessaire.

Comme les écoles spéciales ne doivent compter dans le nombre des professeurs que les hommes les plus célèbres et les plus instruits, il est évident que le choix ne peut en être confié qu'à ceux qui doivent les associer à leur gloire et à leurs travaux. C'est donc dans le sein même de l'école que doit s'ouvrir le concours, et c'est aux professeurs à prononcer entre les concurrens ; mais, pour éloigner jusqu'au soupçon de la partialité ou de la prévention, le Gouvernement aura le droit de déterminer le mode du concours, d'en assigner l'époque ; et seul il pourra investir le candidat présenté par les juges, du diplome de professeur.

Tous les professeurs d'écoles spéciales n'ont pas droit à un égal traitement.

Il en est qui peuvent concilier leur devoir de professeur avec l'exercice de leur profession ; tels sont les peintres, sculpteurs, architectes, musiciens : les progrès de l'art exigent même ce partage entre l'enseignement et la pratique. Il en est d'autres qui, voués par état à l'enseignement, lui consacrent tous leurs momens, et ne trouvent de ressources que dans le traitement attaché à leurs fonctions : les professeurs d'histoire naturelle, agriculture, art vétérinaire, arts mécaniques et chimiques , sont tous dans cette classe ; et il serait injuste de ne pas leur assurer un traitement qui, en écartant le pénible sentiment du besoin, conserve toutes leurs forces pour les progrès de leur art.

C'est en partant de ces principes que nous proposons d'accorder aux premiers 2,500 francs , et 5,000 francs aux derniers.

Dans le nombre des écoles spéciales dont nous proposons l'établissement, il en est deux qui sont destinées à enseigner des professions lucratives : la médecine et la législation. Ici nous n'avons pas pu croire que la nation dût fournir l'enseignement gratuit ; car, quoique les écoles consacrées à l'enseignement des arts où nous avons déclaré l'enseignement gratuit, fournissent également des moyens de subsistance, les élèves qui s'y présentent sortent presque tous de la classe la moins fortunée de la société , et les ressources de ces professions ne sauraient être comparées à celles de la médecine ou du droit.

§. Ier.

Ecoles spéciales de Médecine.

La loi du 14 frimaire an 5, a créé trois écoles de médecine : une à Paris, l'autre à Montpellier, et une troisième à Strasbourg.

Ces trois écoles, destinées par la nature de leur première institution à former des officiers de santé pour le service des hôpitaux militaires, ont pleinement répondu aux vues du Gouvernement ; et aujourd'hui, l'enseignement y est si bien organisé, que ces trois établissemens offrent, sur toutes les parties de la médecine, des études bien plus parfaites que celles qu'on trouvait dans les précédentes universités. Les élèves affluent à ces écoles de tous les points de la France ; et celle de Montpellier s'est rétablie dans la possession presque exclusive de former des médecins pour toutes les parties du Midi.

Il s'agit donc moins de détruire que de perfectionner. Une expérience de six années nous a prouvé que ces trois écoles suffisaient aux besoins du Gouvernement et de la société : bornons - nous à corriger quelques légères imperfections que le temps a découvertes dans le système de leur organisation, et donnons la stabilité à trois établissemens qui prospèrent.

Nous proposerons d'abord de supprimer la distinction que la loi a établie entre les professeurs et leurs adjoints ; et nous réduirons à un plus petit nombre de professeurs, ceux qu'elle a donnés à chacune de ces trois écoles. Seize professeurs paraissent devoir suffire à Paris ; douze à Montpellier ; neuf à Strasbourg. Cette réduction devra s'opérer insensiblement , et seulement par la démission ou par la mort des titulaires. L'idée de dépouiller, sans motif, des hommes qui ont rendu d'importans services à l'État, répugne aux principes d'un Gouvernement juste et éclairé.

Nous ne croyons pas qu'on puisse tracer d'une manière invariable la ligne qu'on doit suivre dans le système de l'enseignement de la médecine : cette science est tellement compliquée , elle se compose de tant d'élémens, que son étude sera toujours très-imparfaite lorsqu'on croira pouvoir tout régler , tout disposer par des arrêtés. Il n'y a de fixe que la chimie, l'anatomie et la botanique ; il convient d'attacher un seul homme à chacune de ces parties, et de laisser le soin aux professeurs de rédiger chaque année le programme des autres cours qui se feront dans l'école.

Mais ce qu'il importe le plus d'établir et d'organiser dans les écoles de médecine, ce sont les examens des élèves. Une trop longue expérience nous a appris que vainement on prétendrait à des succès dans l'étude de la médecine, si l'on n'arrivait pas à l'école avec des connaissances préliminaires : du moment que les portes en ont été ouvertes à tout le monde, on a vu y affluer des hommes qui, n'y apportant aucune connaissance positive, ont été incapables d'y profiter des leçons qu'on y donne; dès-lors, ou ils se sont retirés, après une perte de temps irréparable, pour se jeter dans une autre carrière, ou ils se sont répandus dans la société, pour en devenir les fléaux sous le titre usurpé de médecins.

Il faut donc que nul ne puisse s'inscrire pour étudier en médecine, sans avoir subi un examen préalable sur toutes les parties qu'on enseigne dans les écoles communales.

On ne cesse de réclamer, depuis dix années, contre une foule d'imposteurs qui portent impunément la mort dans tous les rangs de la société : on n'a pas cessé d'appeler l'attention du Gouvernement et d'implorer la sévérité d'une loi, pour réprimer ce désordre. Et le Gouvernement ne s'acquittera envers la société qu'en la purgeant de ces assassins qui l'infestent, et en prenant de sages précautions pour prévenir la reproduction de pareils abus.

Il remplira le premier but en appelant à un examen solemnel tous ceux qui pratiquent sans une autorisation légale.

Il remplira le second en s'assurant, à diverses époques, des progrès des élèves, et en les astreignant à ne pouvoir exercer la profession de médecin qu'en vertu d'un diplome qui atteste leur capacité.

Ces examens doivent être sévères ; ils doivent être publics ; ils doivent embrasser la totalité des connaissances nécessaires à un médecin.

Pour régulariser les examens et les rendre très-profitables, chaque professeur commencera par s'assurer, chaque année, des progrès de ses élèves, par un examen qui aura lieu à la fin de son cours ; il prendra des notes sur chaque élève, et les déposera au secrétariat de l'école.

Dans les six derniers mois du terme de scolarité, les examens devront embrasser toutes les parties de l'art de guérir : on peut néanmoins les borner à trois ; l'un sur la théorie, le second sur la pratique, le troisième sur un sujet imprimé, du choix de l'élève.

Le Gouvernement réglera la forme du diplome qui sera délivré à l'élève pour constater sa capacité, et fera tous les règlemens qu'il croira nécessaires pour perfectionner l'enseignement dans les écoles.

La médecine devenant un état lucratif, et formant une profession à la fois honorable et avantageuse, il n'y a pas de doute que les professeurs ne doivent être salariés par les élèves, sur-tout à raison des examens qu'ils font et des grades qu'ils confèrent : il serait d'ailleurs facile de prouver qu'en cela l'intérêt des professeurs est inséparable de celui de l'élève. Mais si, indépendamment de cette rétribution éventuelle, le Gouvernement n'assurait pas à chaque professeur un modique salaire qui puisse le mettre au-dessus du besoin, il serait à craindre que les professeurs ne se missent dans la dépendance des élèves, et que peut-être ils ne trafiquassent honteusement de leurs grades.

La nomination aux places de professeurs en médecine, mérite la plus sérieuse attention. Il serait peut-être dangereux de s'écarter du mode qui a été suivi de succès pendant plusieurs siècles, où l'on a vu se succéder, dans les mêmes écoles, les hommes les plus célèbres dans l'art de guérir. Ce mode consiste à ouvrir un concours public en présence des professeurs de l'école, pour soumettre les candidats à des leçons et à des examens pendant un temps assez considérable pour pouvoir prononcer sur le mérite des concurrens, non-seulement par rapport à leurs connaissances, mais encore par rapport à l'art d'enseigner. Ce jugement est constamment sévère et impartial; le Gouvernement peut le confirmer sans craindre qu'aucun motif étranger au bien de l'instruction ait pu le dicter.

§. II.

Écoles spéciales de Législation.

L'ÉTUDE des lois, aussi nécessaire que négligée de nos jours, demande une prompte et sévère organisation.

Il n'existe plus de connaissances réelles que chez les jurisconsultes formés aux anciennes écoles. La plus profonde immoralité a flétri presque tous les hommes nouveaux qui entourent les tribunaux; et la fortune privée, d'accord avec la morale publique, réclame des institutions qui, en offrant les moyens d'acquérir les connaissances nécessaires, rendent à la justice les formes et la dignité qui lui conviennent.

Le seul moyen d'atteindre ce but, c'est de créer des écoles publiques où l'enseignement soit donné par des maîtres habiles, sous les yeux et la surveillance de magistrats intègres. L'organisation actuelle des tribunaux d'appel, fournit un moyen facile d'exécuter ce projet : car c'est là que tous les degrés de la hiérarchie judiciaire sont réunis; c'est là que, par état comme par intérêt, doivent s'établir les jurisconsultes les plus habiles; c'est donc là que l'instruction sera la plus parfaite.

Nous croyons que trois professeurs peuvent embrasser l'enseignement de tout ce qu'il importe de savoir en législation :

Le premier traiterait du droit public;

Le second ferait connaître le droit civil;

Le troisième enseignerait le droit criminel.

Pour que l'étude des lois ne dégénérât pas, dans certaines écoles, en une vaine formalité, l'enseignement pourrait être mis sous la surveillance du commissaire du Gouvernement près le tribunal d'appel, et le cours d'études durerait trois ans. Les élèves ne seraient reçus à l'école qu'après un examen préalable sur les objets qu'on enseigne dans les écoles communales; ils n'obtiendraient un diplome de capacité qu'après avoir fourni des preuves de connaissances à deux examens publics; et nul ne pourrait prétendre à devenir juge ou avoué, sans être muni d'un diplome délivré par l'une des écoles.

§. I I I.

École spéciale d'Agriculture et Économie rurale.

La France est à la fois commerçante et agricole; aucune nation voisine ne réunit les ressources que lui donnent sa position, la variété de son sol, la facilité des débouchés, et l'industrie de ses habitans.

Mais son agriculture, base fondamentale de sa richesse et la garantie principale de son indépendance, est encore susceptible de

grands perfectionnemens. Nous devons d'autant plus nous flatter d'obtenir des succès
dans ce genre, que depuis vingt-cinq ans
que nous appliquons les sciences à l'agriculture, on y fait des améliorations précieuses. Il nous suffit de citer, à l'appui de cette
assertion, la multiplicité des prairies artificielles, le perfectionnement de nos bêtes à
laine, l'abolition presque générale des jachè-
res, et l'art d'alterner les récoltes.

L'agriculture a ses principes comme toutes les sciences; elle peut s'enrichir de l'expérience de tous les peuples de notre globe:
et vainement attendrait-on du temps ce que
les connaissances peuvent nous procurer;
car l'habitude dans les travaux des champs,
la pratique des procédés transmis de génération en génération, écartent jusqu'à l'idée
qu'il soit possible de perfectionner.

Il faut donc que des hommes instruits
discutent sans préjugés, essaient sans passion et proposent sans enthousiasme tout
ce que l'agriculture peut présenter de découvertes ou d'améliorations; il faut, pour
convaincre l'agriculteur méfiant ou pré-
venu, lui faire présenter par de véritables
agriculteurs, les résultats de leurs expérien-

ces : il n'est peut-être que ce moyen de propager des méthodes utiles.

Déjà nous trouvons parmi nous des réunions d'agriculteurs formées dans chaque département sous le titre de *Sociétés libres d'agriculture*. Elles doivent leur existence au sentiment profond de leur utilisé ; et on peut s'en promettre des effets d'autant plus heureux, qu'elles ne reçoivent l'impulsion que du désir de voir s'améliorer, se perfectionner, un art que chacun de ceux qui les composent exerce par goût et par intérêt.

Mais ces associations ne produiraient qu'une partie de l'effet qu'on est en droit d'en attendre, si elles restaient isolées et réduites à leurs propres efforts. Le Gouvernement doit les rapprocher, les faire concourir à un but commun, la prospérité de l'agriculture en France : et je pense que le plus sûr moyen se borne à établir une société centrale où tous les fils viennent se réunir, où parviennent tous les renseignemens, où l'on coordonne en systême et rattache aux principes fondamentaux de la science, ce qui n'est qu'un fait isolé et presque perdu dans une réunion départementale. C'est dans ce foyer commun qu'on pourra vérifier tous les faits nouveaux, essayer les méthodes et les cultures qui nous parviennent de l'étranger, choisir dans l'étendue de la République le sol et le climat les plus propres à naturaliser des plantes étrangères ; c'est là, en un mot, qu'en rapprochant tous les renseignemens qui seront fournis par les sociétés départementales, on pourra former le système complet de l'agriculture en France.

Au reste, nous pensons que l'organisation de cette école doit être simple comme l'objet dont elle s'occupe.

Quatre professeurs me paraissent pouvoir suffire à l'enseignement :

Un de *mécanique rurale* ;

Un de *la nature et de la culture des terres* ;

Un de *la culture des arbres* ;

Un de *mouture, boulangerie, et nourriture des hommes et des animaux.*

Indépendamment de ces quatre professeurs, il y aurait un directeur chargé de surveiller l'enseignement, et de correspondre pour tous les objets d'utilité publique.

Le premier de ces professeurs s'occuperait de la construction des bâtimens ruraux, de celle des outils, usines, &c.

Le second, de la nature des terres et engrais ; de la conservation des grains ; du tra-

vail des prairies naturelles et artificielles ;
des dessèchemens et défrichemens ; de l'éducation et amélioration des bestiaux.

Le troisième s'occupera des semis, plan-
tations, éducation, taille et usage des arbres ;
de la conservation des fruits ; de la fabrica-
tion des vins, &c.

Le quatrième fera connaître les diverses
natures et usages de grains, leurs préparations, et les divers alimens dont l'homme
et les animaux peuvent se servir.

Cette école ne peut être placée avantageu-
sement qu'aux environs de Paris ; parce que
là seulement viennent aboutir les relations
de tous les pays, et que là siége le Gouvernement qui seul peut fournir à cet établissement tous les encouragemens et les moyens
d'exécution nécessaires.

§. I V.

Ecoles spéciales de l'Art vétérinaire.

UNE loi du 29 germinal an 3 a établi deux
écoles d'économie rurale vétérinaire, l'une
à Lyon, l'autre à Versailles.

Chacune de ces écoles devait avoir six
professeurs et un directeur : les districts

avaient le droit d'envoyer à l'une ou à l'autre, selon la proximité, un élève âgé de seize à vingt-cinq ans.

Le trésor public était chargé de fournir une somme de 1,200 francs pour l'entretien de chacun des élèves.

La translation de l'école d'Alfort à Versailles n'a pas eu lieu, sous divers prétextes qu'il est inutile de rappeler ici.

Quoique bien des causes se soient réunies pour contrarier le but et les succès de ces deux écoles, nous avons vu néanmoins en sortir de nombreux élèves pour se répandre sur le sol de la République et y porter des connaissances très-utiles.

Il suffit aujourd'hi de donner à ce qui existe une organisation plus convenable pour obtenir des résultats heureux.

Cinq professeurs et un directeur nous paraissent suffire à chacune des deux écoles. L'enseignement pourrait y être distribué de la manière qui suit :

1°. Un professeur d'*anatomie des animaux domestiques ;*

2°. Un professeur de *la connaissance et de la santé de ces mêmes animaux ;*

3°. Un professeur de *botanique , matière médicale et chimie pharmaceutique ;*

4°. Un professeur de *forge et de ferrure ;*

5°. Un professeur des *maladies des animaux.*

Ces écoles doivent être ouvertes à tout le monde ; mais elles sont essentiellement destinées à ceux qui se proposent d'exercer l'art vétérinaire ou quelqu'une de ses parties.

Pour répandre ces connaissances avec la promptitude que demandent les besoins des campagnes, il nous paraît indispensable que chaque arrondissement communal entretienne un élève à l'école la plus voisine. Le choix en sera fait par le sous-préfet, qui s'assurera de l'intelligence et de la moralité de l'élève : il prendra de préférence les enfans des artistes qui exercent une profession vétérinaire ; son choix devra être confirmé par le préfet.

Chaque élève recevra 25 francs par mois sur les centimes additionnels de l'arrondissement ; et le directeur de l'école fera connaître sa conduite et ses progrès au sous-préfet, au moins tous les trois mois : celui-ci pourra le remplacer au besoin , d'après les plaintes portées par le directeur.

§. V.

Ecole spéciale des Arts mécaniques et chimiques.

LE peuple dont les arts manufacturiers sont les plus parfaits, tient les autres dans sa dépendance, et établit sa prospérité sur la consommation qu'ils font de ses produits. C'est donc à perfectionner nos arts que doivent tendre tous nos efforts.

Le moyen le plus sûr de parvenir à ce but, consiste à porter la lumière dans les ateliers, à y diriger tous les pas de l'artiste, et à rendre sa marche aussi sûre que facile. Dans l'état où sont aujourd'hui les arts en Europe, celui-là a le plus d'avantages qui emploie dans ses opérations des procédés plus parfaits et des moyens plus économiques : or, la mécanique et la chimie nous amènent à ces perfectionnemens ; la première, en organisant une main - d'œuvre plus facile ; la seconde, en fournissant des méthodes d'opérer plus simples ou plus exactes.

La mécanique centuple les forces de l'homme, et donne des produits plus réguliers, plus parfaits que tous ceux que peut produire la main de l'homme. La chimie dirige les opérations, varie les procédés, maîtrise les résultats, et présente des effets constans, toujours prévus, toujours calculés, là où l'aveugle routine ne voit que hasard. C'est donc sur ces deux bases, mécanique et chimie, qu'il faut élever la gloire et la prospérité des arts en France.

Il paraîtra très-extraordinaire à la postérité que, dans un temps où un système de destruction couvrait la France des débris de tous nos arts, on ait pu soustraire à la main des Vandales les plus précieux monumens du génie et de l'industrie française : c'est cependant ce qui a été fait par un décret de la Convention, du 19 vendémiaire an 3, qui a institué le Conservatoire des Arts et Métiers. Au même moment, des hommes aussi zélés qu'habiles se sont empressés de couvrir de l'égide de cette loi salutaire, la collection du Louvre, formée des machines de *Pajot-Dozembray* ; celle des arts mécaniques du palais d'Orléans, et le dépôt de *Vaucanson*, légué au Gouvernement en 1785.

Ces précieuses collections ont été réparées et enrichies jusques en l'an 6, où une nou-

velle loi, du 17 floréal, a consacré la ci-
devant abbaye de Saint-Martin-des-Champs
pour les y réunir.

Déjà ce superbe local est préparé pour
recueillir cette collection, la plus riche et la
plus belle de l'Europe.

Cette collection offre plusieurs avantages :
elle présente à l'esprit l'état actuel de notre industrie ; elle efface ou applanit pour l'artiste
le chemin par lequel on arrive à connaître
le degré de perfection où l'art s'est élevé.
Un dépôt de machines est la bibliothèque
de l'artiste ; il y lit les progrès de son art ;
il y voit toute la pensée de l'auteur d'une
découverte ; et, en comparant, son imagination peut parvenir sans efforts à des perfectionnemens que l'inexactitude de ses
méthodes de pratique ne lui eût jamais
suggérés.

Un artiste ne peut pas, sans éprouver de
l'enthousiasme, voir dérouler à ses yeux
les prodiges de l'industrie ; son imagination,
son génie, s'enflamment du desir d'ajouter
ses découvertes à celles qui lui sont présen-
tées ; et ce ferment, jeté dans le cœur de
l'homme à talent, ne peut que se développer
avec fruit.

La description d'une machine offerte aux

yeux et mise sous la main, a encore l'avantage de fixer ou de former une langue uniforme pour les arts ; ce qui est d'autant plus
nécessaire, qu'elle varie de ville en ville, et
que les découvertes en mécanique ne peuvent que difficilement se transmettre.

Il y a peu de chose à faire pour donner
au Conservatoire des arts et métiers tous les
développemens dont il est susceptible.

Il y existe déjà trois professeurs et un
dessinateur ; il ne s'agit que de leur distribuer l'enseignement, de manière à fournir
aux artistes tous les principes sur lesquels
ils peuvent appuyer leur pratique.

L'un des professeurs pourrait être chargé
de l'enseignement de *la mécanique et de
l'hydraulique ;*

Le second s'occuperait de *l'art de la construction des machines et outils ;*

Le troisième enseignerait *la chimie appliquée aux arts ;*

Et le quatrième instruirait sur *l'art du
dessin.*

Mais l'enseignement de la mécanique et
de la chimie des arts, concentré dans Paris,
ne pourrait pas devenir d'un avantage général pour toutes les parties de la République.
Les enfans des artistes ont rarement les

moyens d'aller puiser l'instruction au loin ;
et nous croyons que le Gouvernement ferait
une chose très-utile aux arts et fabriques,
en multipliant ces écoles, que la simplicité de
leur organisation rend très - peu dispen-
dieuses. Nous proposons donc d'en créer
quatre pour toute la République : on pourrait les établir à Paris , Bruxelles , Lyon et
Toulouse.

Le nombre des professeurs pourrait être
réduit à trois dans les trois dernières de ces
écoles ; celui de construction peut y être
supprimé sans inconvénient.

§. V I.

Ecole spéciale des Arts du Dessin.

LE dessin fait la base des connaissances
nécessaires au peintre, au sculpteur et à l'ar-
chitecte ; et c'est à l'étude de ce premier des
arts que nous consacrons une école spéciale,
sous le nom d'*école des arts du dessin.*

Les grands hommes qu'a produits l'école
française , depuis qu'elle a été créée par
Charles Lebrun en 1648 , prouvent trop la
bonté de son organisation, pour que nous
n'en respections pas les bases. Ainsi, nous

nous bornerons à proposer quelques légères modifications, qui paraissent desirées par les artistes eux-mêmes.

L'école pourrait être composée ainsi qu'il suit :

1°. Six professeurs pour la *peinture;*

2°. Six pour la *sculpture ;*

3°. Quatre pour *l'architecture et la construction ;*

4°. Un professeur *d'anatomie ;*

5°. Un de *perspective ;*

6°. Un d'*histoire, antiquité et costumes ;*

7°. Un de *géométrie descriptive.*

Il est aisé de juger que les artistes célèbres qu'on appelle à exercer les fonctions de professeurs, ne doivent pas se livrer exclusivement à l'enseignement : l'école ne doit être pour eux que le délassement des travaux de leurs ateliers. C'est pour cela que nous établissons un nombre considérable de professeurs, pour qu'ils ne soient pas obligés de donner plus de deux mois à l'enseignement; c'est au reste le seul moyen de pouvoir consacrer à l'instruction les premiers talens dans tous les genres, et d'obtenir à la fois l'exemple et le précepte, pour la gloire et les progrès de l'art.

L'ancien Gouvernement avait multiplié

les concours et les prix de telle manière,
que l'émulation constamment excitée par
l'espérance, produisait les plus heureux
efforts. Ces prix, ces concours doivent être
continués : le voyage à Rome doit toujours
être la principale des récompenses ; car,
quoique nous possédions, en ce moment,
plusieurs des chefs-d'œuvre qui y attiraient
les jeunes artistes, il y reste encore assez
de monumens précieux pour qu'on puisse
regarder cette ville comme le séjour fortuné
des arts.

Sous l'ancien régime, les encouragemens
donnés par le Gouvernement ne se bor-
naient pas aux élèves ; les professeurs eux-
mêmes en recevaient des secours dignes
d'eux et de lui : tous les deux ans, il faisait
exécuter, par les plus habiles artistes, huit
grands tableaux d'histoire et deux statues.
En renouvelant ce mode précieux d'encou-
ragement, le Gouvernement actuel n'aura à
fixer son choix ni sur des sujets puisés dans
l'histoire des peuples anciens, ni sur des
hommes qui appartiennent à d'autres temps :
la nation est riche de ses propres faits ; c'est
dans le court espace des dix années qui viennent de s'écouler, que l'artiste trouvera les
héros et les actions de toute l'antiquité.

§. VII.

Ecoles spéciales de Musique.

AVANT la révolution, on pouvait regarder les Maîtrises établies près des Chapitres, des Cathédrales ou des Abbayes, comme les écoles primaires de l'art de la musique. Le culte catholique était célébré avec la plus grande solemnité dans quelques églises, et par-tout, c'étaient des musiciens salariés qui y faisaient le service.

La suppression de tous ces établissemens a privé l'art musical de ses principales ressources. La loi du 16 thermidor an 3 a créé le Conservatoire de musique; elle y a ouvert un asyle aux premiers talens de l'Europe. Sans doute elle a fait beaucoup pour l'art en recueillant et honorant ces artistes distingués ; mais en les concentrant sur un point de la République, elle n'a rien fait qu'on puisse comparer à ces premiers établissemens, où le germe du talent trouvait un asyle, où des dispositions heureuses étaient senties et encouragées , et d'où se répandait dans toute la masse du peuple le goût de la musique.

Celui qui sait quel est le pouvoir de la musique sur une nation , combien elle a d'influence sur nos mœurs et répand de charmes sur notre vie domestique, cherche les moyens de replacer dans nos villes quelque genre d'institution qui réveille le goût du chant dans toutes les classes de la société, et y reporte la gaîté , dont il est l'expression la plus ordinaire.

En attendant que des circonstances plus heureuses permettent au Gouvernement de former des institutions musicales sur presque tous les points de la République , nous croyons très-avantageux d'établir six petites écoles de musique dans les villes les plus considérables de la France. Chacune de ces écoles pourrait être composée de quatre professeurs :

Un de *musique ;*
Un de *chant ;*
Un de *violon ;*
Un de *basse.*

Ces écoles auraient l'avantage de placer convenablement les élèves les plus distingués du Conservatoire, de propager le goût de la musique , de fournir des moyens faciles pour l'instruction , de former des musiciens pour les bataillons , de présenter des

ressources pour les fêtes publiques, de distinguer et recueillir les talens qui deviennent rares de plus en plus sur nos théatres.

Le Conservatoire de musique, qui existe
à Paris, est la seule école de ce genre que
possède la France ; c'est presque la seule
ressource qui soit ouverte aux artistes : nous
sommes donc bien éloignés d'en proposer la
suppression ; mais nous pensons qu'on peut
borner à soixante-dix-huit le nombre des
membres du Conservatoire, porté à cent
dix-huit par la loi du 16 thermidor an 3 ;
et à quatre cents, celui des élèves des deux
sexes, fixé à six cents par la même loi.

§. V I I I.

Ecole spéciale d'Histoire naturelle.

Le *muséum d'histoire naturelle*, organisé
par la loi du 10 juin 1793, présente, en ce
moment, le système d'enseignement le plus
complet qu'il y ait en Europe, tant sous le
rapport des riches collections qu'il possède,
que sous celui des hommes célèbres qui y
professent. Nous n'y proposerons donc aucun changement ; mais la loi doit imposer à
cette école la tâche honorable de former

des professeurs d'histoire naturelle pour toutes les écoles de département : il n'y a que ce moyen de donner à cette partie intéressante de l'instruction publique, dans les départemens, le caractère d'utilité qui la rend d'une application journalière à tous les besoins de la société.

§. I X.

Ecole spéciale de Belles-Lettres et Sciences physiques et mathématiques.

LE *collége de France* est à la fois le monument le plus ancien et un des plus utiles que possède l'instruction publique. Créé en 1530 par *François 1ᵉʳ*, il fut soutenu et perfectionné jusqu'à nos jours ; et en ce moment, il présente un des systêmes d'enseignement les plus complets qu'il y ait en Europe. Trois professeurs y enseignent les mathématiques et l'astronomie : cinq cours y sont ouverts à l'enseignement des sciences physiques ; deux ont pour objet le droit public et l'histoire.

Les langues anciennes et orientales, la poésie, l'éloquence, l'histoire de la littérature française, y forment, sous huit professeurs , le complément d'une instruction presque universelle.

Cet établissement, qui a passé , comme par miracle , à travers tous les orages de la révolution , et est toujours resté debout au milieu des ruines qui l'entouraient , ne sera ni supprimé, ni dégradé dans un moment où le Gouvernement cherche à rétablir ce qui a été détruit, à réorganiser tout ce qui peut être utile.

Nous proposerons donc d'ériger le collége de France en une *école spéciale de belles-lettres et sciences physiques et mathématiques :* nous lui donnerons un degré d'utilité de plus, en lui attribuant l'honorable fonction de former des professeurs de belles-lettres, de physique et de chimie pour les écoles communales.

TITRE IV.

INSTITUT NATIONAL DES SCIENCES ET ARTS.

Il est à remarquer que, depuis l'Assemblée constituante jusqu'à nos jours, tous les projets d'instruction publique qui ont été présentés, proposent un *institut national*

destiné à recueillir les découvertes, à propager les connaissances, et à réunir les
hommes les plus distingués dans les sciences
et dans les arts.

L'avantage de ce bel établissement a été
si généralement senti, que les constitutions
de l'an 3 et de l'an 8 en ont fait un article
du pacte social.

L'institut est organisé d'après la loi du
3 brumaire an 4; et malgré quelques vices
que l'expérience a fait connaître dans sa
constitution, il n'en forme pas moins un des
plus beaux monumens de la gloire nationale.

Il suffirait, peut-être, de rapporter la loi
réglementaire du 15 germinal an 4, qui lui
a prescrit un mode de scrutin, une manière
invariable de remplacement, et l'a ainsi
assujetti à des formes vicieuses, pour que
l'institut n'offrît plus que l'ensemble de connaissances le plus complet, le plus imposant
dont une nation puisse s'honorer.

On pourrait encore reprocher à l'organisation actuelle de l'institut, de s'être beaucoup trop écartée de ce que l'expérience
avait montré de perfection dans la composition de nos anciennes académies. Le même
homme, par exemple, en suivait tous les

détails, en devenait l'historien, et attachait, d'une manière toute particulière, la gloire de son nom à celle du corps dont il était l'organe ; il y avait plus de suite dans l'administration, plus de célérité dans l'exécution, plus d'ordre dans la marche ; et on ne peut pas nier que le rétablissement d'un *secrétaire perpétuel* pour chaque classe de l'institut, en rouvrant une carrière qui présente tant de grands hommes pour modèles, ne contribuât à la gloire de ce corps et aux progrès des sciences.

Il suffit de jeter un coup-d'œil sur la nomenclature des divers objets qu'embrasse l'institut, pour se convaincre que la partie de l'éloquence a été sacrifiée dans son organisation primitive. Cette lacune a été d'autant mieux sentie, que tous les talens distingués de l'académie française n'ont pas pu trouver place dans le cadre étroit qu'offrait la loi ; et nous croyons qu'il faut créer une section dans la troisième classe, sous le titre de *section d'éloquence.*

Apperçu des Dépenses de l'Instruction publique, d'après le plan proposé.

1°. *Ecoles municipales.* En supposant l'instruction publique organisée sur tous les points de la République, nous avons déjà prouvé qu'il y aurait vingt-trois mille écoles municipales, ce qui formerait une dépense d'environ 5,000,000, à la charge des arrondissemens communaux.

2°. *Ecoles communales.* Il paraît prouvé par l'expérience et d'après l'état actuel de la France, que deux cent cinquante colléges, ou écoles communales, suffiront à l'instruction secondaire.

Chaque collége a un directeur et cinq professeurs. Le terme moyen du traitement des professeurs est de 1,500 francs. Ainsi il y aurait dans la République douze cent cinquante professeurs et deux cent cinquante directeurs, dont les traitemens formeraient une somme totale de 3,000,000.

En supposant de 600 francs la pension de chaque élève salarié, les huit cents coûteraient 480,000 francs.

3°. *Ecoles spéciales*, 1,306,600 francs.

4°. *Institut national*, 266,000 francs.

Ainsi, *en supposant l'instruction complète pour toute la France ; en admettant qu'il n'y ait pas un point sur le sol de la République où l'instruction ne soit possible pour tous , et suffisante pour tous les besoins de la société* , la dépense se bornerait à une somme annuelle d'environ 9,500,000 francs , sur laquelle il serait pris 5,000,000 sur les centimes additionnels des arrondissemens , pour les *écoles municipales ;* 3,000,000 sur les centimes additionnels , tant des départemens que des arrondissemens , pour les *écoles communales ;* et 1,500,000 francs sur le trésor public, pour les *écoles spéciales.*

	Ecoles municipales....	5,000,000.
Total	Ecoles communales....	3,000,000.
de la dépense.	Ecoles spéciales.......	1,306,600.
	Institut.............	266,600.
		9,572,600.

La dépense totale de l'instruction publique s'éleverait donc à une somme d'environ 10,000,000, si jamais elle était si complètement organisée qu'il n'existât pas un seul point sur le sol de la République où chaque individu ne trouvât une instruction suffisante et proportionnée à ses besoins.

PROJET de Loi sur l'Instruction publique.

TITRE Iᶜʳ.

DIVISION DE L'INSTRUCTION PUBLIQUE.

ART. Iᵉʳ. IL y aura trois degrés d'instruction publique en France :

A cet effet, il sera créé

Des *écoles municipales ;*

Des *écoles communales ;*

Des *écoles spéciales.*

II. Les *écoles municipales* ont pour objet de donner la première instruction nécessaire à tous.

Les citoyens chargés de cet enseignement s'appelleront *maîtres d'école.*

III. On enseignera, dans les *écoles communales*, les connaissances premières nécessaires à ceux qui sont appelés à remplir des fonctions publiques, à exercer des professions libérales, ou à vivre dans les classes éclairées de la société.

Les citoyens chargés de cette portion de l'instruction publique, porteront le nom d'*instituteurs.*

IV. Les *écoles spéciales* sont consacrées à l'enseignement exclusif d'une science ou d'un art.

Les maîtres de cet enseignement auront le titre de *professeurs.*

V. Un *institut national* (créé par l'article 88 de la

Constitution), est chargé de recueillir les découvertes, de perfectionner les sciences et les arts.

VI. L'instruction publique est libre en France : il est permis à tout citoyen français d'en former des établissemens.

T I T R E I I.

RÉPARTITION DES ÉCOLES PUBLIQUES.

§. Ier. *Écoles municipales.*

ART. Ier. Les écoles municipales seront réparties de manière que l'instruction première soit possible pour tous.

II. Le conseil municipal de chaque ville, bourg ou village, formera la demande de l'établissement d'une ou plusieurs écoles municipales.

III. La demande motivée du conseil municipal sera soumise au conseil d'arrondissement, qui pourra l'admettre ou la rejeter.

IV. Le conseil d'arrondissement ne pourra pas refuser l'établissement d'une école municipale dans les deux cas suivans :

1°. Lorsque la distance du chef-lieu de la municipalité à une école voisine est de plus de deux milles ;

2°. Lorsque la population s'élève à deux mille habitans dans les campagnes, et à trois mille dans une ville ou section de ville.

V. Les municipalités pourvoiront, à leurs frais, à l'emplacement de l'école et au logement du maître.

§. II. *Écoles communales.*

ART. Ier. Les conseils d'arrondissement adresseront

leur demande, pour l'établissement des *écoles communales*, au conseil général du département.

II. La demande du conseil d'arrondissement sera motivée sur la population, le genre d'industrie, le montant des contributions, et l'existence d'un local approprié aux frais de la commune pour recevoir l'établissement.

III. Les conseils généraux de département seront tenus de faire droit à la demande du conseil d'arrondissement dans les deux cas suivans :

1°. Lorsque la population de l'arrondissement excède cent mille ames ;

2°. Lorsque le chef-lieu de l'arrondissement a plus de dix mille habitans.

IV. Il pourra y avoir dans Paris plusieurs écoles communales ; le conseil général du département en déterminera le nombre.

§. III. *Écoles spéciales.*

Les *écoles spéciales* seront établies nominativement par la loi, et réparties de manière qu'elles puissent fournir une instruction suffisante pour toutes les professions libérales de la société.

TITRE III.

ORGANISATION GÉNÉRALE DES ÉCOLES D'INSTRUCTION PUBLIQUE.

§. Ier. *Écoles municipales.*

Art. Ier. Les élèves ne seront reçus dans les écoles

municipales que depuis l'âge de six ans jusqu'à celui de douze.

II. Dans les écoles municipales, on apprendra à lire, écrire et chiffrer.

On y terminera l'instruction par les principes et la pratique de l'arpentage et du toisé.

III. L'enseignement sera gradué dans les écoles municipales.

Il y aura trois degrés d'instruction dans chaque école :

Le premier aura pour but d'apprendre à lire; le second, à écrire; le troisième, à chiffrer, arpenter et toiser.

IV. Le maître d'école donnera à tous les élèves des leçons de morale, et leur expliquera la constitution.

V. Le temps des leçons, le séjour dans l'école, l'époque et la durée des vacances, seront réglés par le conseil municipal.

VI. Il y aura congé tous les quintidis et décadis, de même que les jours de fêtes nationales.

§. II. *Écoles communales.*

ART. Ier. Les élèves ne seront reçus dans les écoles communales, qu'au-dessus de l'âge de dix ans; et nul ne pourra y être admis s'il ne sait lire, écrire et chiffrer.

II. Le cours d'études, dans chaque école communale, sera de quatre années.

III. Dans chaque école communale, l'instruction sera divisée en *cinq classes*.

Dans la première, on enseignera la grammaire française et les principes de la langue latine;

Dans la seconde, on continuera ces deux études, et

ét on y joindra les premiers élémens de l'histoire naturelle et de la géographie;

Dans la troisième, outre la continuation de l'étude des langues, on apprendra les élémens des mathématiques et de la physique;

Dans la quatrième, on s'occupera essentiellement de la littérature ancienne et moderne, et l'on continuera les études précédentes.

Dans les villes dont la population est au-dessus de trente mille habitans, il y aura une cinquième classe dans laquelle on enseignera la chimie et la physique expérimentale.

Il y aura une classe particulière pour le dessin, qui sera ouverte à tous les élèves de l'école pendant les quatre ou cinq années de scolarité.

IV. Un seul instituteur sera attaché à chacune de ces classes.

V. Aucun élève entrant dans l'école, ne pourra être reçu dans l'une ou l'autre de ces classes qu'après que le directeur de l'école aura constaté son degré d'instruction par un examen préalable.

VI. Les études seront d'une année dans chacune de ces quatre premières classes; et nul ne pourra être admis à une classe supérieure que d'après un examen sur la partie d'instruction qu'on donne dans la classe qui est au-dessus.

VII. Les conseils d'arrondissement et de département pourront, selon les localités, ajouter à l'instruction ci-dessus l'enseignement de quelques langues vivantes.

VIII. Dans chaque école communale, il y aura un directeur chargé de surveiller l'enseignement, et de maintenir le bon ordre. Il donnera des leçons de morale deux fois par décade.

IX. Les écoles communales vaqueront les quintidis et les décadis, et depuis le 15 thermidor jusqu'au 1ᵉʳ vendémiaire.

X. Il sera fait des règlemens particuliers par le Gouvernement pour déterminer les heures des leçons, la police de l'école, le mode des examens, &c.

<h3 align="center">§. III. Ecole spéciale.</h3>

ART. Iᵉʳ. Nul ne sera reçu dans une école spéciale, s'il n'est instruit de tout ce qui s'enseigne dans les écoles communales. Chaque élève subira, à cet effet, un premier examen d'admission.

II. Nul ne pourra être admis dans une école spéciale, s'il n'a atteint l'âge de seize ans.

III. Sont seuls exceptés des dispositions ci-dessus, les élèves des écoles de dessin, musique et art vétérinaire, lesquels ne sont tenus que de savoir lire, écrire et chiffrer.

IV. Les professeurs de chaque école se réuniront en conseil au moins une fois par décade ; pour délibérer sur tout ce qui a rapport à l'instruction qui leur est confiée ; ils nommeront tous les ans, dans leur sein, un directeur, qui sera chargé de l'administration, surveillance, correspondance, et de la tenue du registre des élèves.

V. Il sera fait par le Gouvernement, pour chaque école spéciale, des règlemens pour déterminer l'ordre de l'enseignement, fixer l'époque des cours et les heures des leçons, et assurer une bonne police dans chaque école.

TITRE IV.

NOMINATION DES MAÎTRES DE L'INSTRUCTION PUBLIQUE.

ART. Ier. Nul ne pourra exercer des fonctions dans l'instruction publique, s'il n'est citoyen français, ou admis à le devenir, s'il n'a fait sa promesse de fidélité à la Constitution, et s'il n'a déclaré à l'autorité civile du lieu, qu'il ouvre une école d'instruction.

§. Ier. *Ecoles municipales.*

ART. Ier. Les *maîtres d'écoles municipales* seront nommés par le conseil municipal, réuni à un nombre égal de pères de famille désignés par le *maire.*

II. Cette nomination devra être confirmée par le sous-préfet, qui, en cas de refus, est tenu de le motiver.

III. Dans le cas où le sous-préfet refuse de confirmer la nomination, le conseil municipal présente un second candidat.

§. II. *Ecoles communales.*

ART. Ier. Les nominations aux places d'*instituteur* dans les *écoles communales* seront faites à Paris, ou dans le département où la place est vacante.

II. Seront nommés à Paris, 1°. les instituteurs d'*histoire naturelle,* ou de la seconde classe ;

2°. Ceux de *physique et chimie,* ou de la cinquième classe ;

3°. Ceux de *littérature ancienne et moderne,* ou de la quatrième classe ;

4°. Les instituteurs du *dessin*.

Les premiers seront nommés par les professeurs d'histoire naturelle à *l'école spéciale du Jardin des plantes ;* les seconds et les troisièmes , par les professeurs de *l'école spéciale de littérature et sciences physiques et mathématiques* (collége de France); les quatrièmes, par les professeurs de *l'école spéciale des arts du dessin.*

III. La vacance de l'une de ces places sera annoncée au ministre de l'intérieur par le préfet du département; le ministre en préviendra l'école qui doit nommer, et déterminera le jour auquel les candidats pourront se présenter au concours.

IV. Les professeurs présenteront au Gouvernement celui des concurrens qu'ils auront jugé le plus capable; et il lui sera délivré un diplome *d'instituteur.*

V. Seront nommés dans les départemens tous instituteurs non compris dans l'article II.

VI. Pour procéder à la nomination d'un instituteur dans un département, il sera créé , par le préfet, un *jury* composé de trois citoyens distingués par leurs connaissances et leur moralité.

VII. Ce jury sera renouvelé, par tiers, chaque année.

VII. Du moment où une place sera vacante , le préfet en instruira le jury, et déterminera le jour du concours.

IX. Le concours n'aura lieu qu'autant que le jury ne trouverait point , parmi les élèves salariés du pensionnat (Tit. VIII), un citoyen capable de remplir la place vacante.

X. Le préfet adressera au ministre de l'intérieur le nom du candidat proposé , pour qu'il lui soit expédié un diplome *d'instituteur.*

XI. Le mode d'examen ou de concours, tant à Paris que dans les départemens, sera réglé par le Gouvernement.

XII. La nomination du directeur de chaque école communale sera faite par le conseil d'arrondissement, et confirmée par le Gouvernement.

§. III. *Écoles spéciales.*

ART. Ier. Les premières nominations aux places de *professeurs* dans celles des écoles spéciales qui ne sont pas encore établies, seront faites par le Gouvernement.

II. Les remplacemens aux places de professeurs dans les écoles spéciales se feront, par la suite, d'après un concours public ouvert dans le sein de l'école, à l'époque et d'après le mode réglé par le Gouvernement.

Les professeurs seront juges du concours, et présenteront au Gouvernement, pour en obtenir un diplôme de professeur, celui des concurrens qui aura paru le plus capable.

III. Les directeurs attachés à quelques-unes des écoles spéciales, où ils n'exercent point les fonctions de professeurs, seront nommés par le Gouvernement.

TITRE V.

DESTITUTION DES MAÎTRES DE L'INSTRUCTION PUBLIQUE.

ART. Ier. Les *maîtres d'école* pourront être révoqués par le conseil municipal.

II. Les *instituteurs* pourront être suspendus de leurs fonctions par le jury : leur destitution ne pourra être prononcée que par le Gouvernement , et après avoir entendu l'accusé.

III. Les *professeurs* ne seront destitués que sur l'avis d'un jury nommé par le Gouvernement, et composé de cinq membres pris parmi les professeurs des cinq écoles spéciales.

Ce jury entendra l'accusé.

TITRE VI.

TRAITEMENT DES MAÎTRES DE L'INSTRUCTION PUBLIQUE.

§. Ier. *Écoles municipales.*

ART. Ier. Le traitement des *maîtres d'école* sera réglé d'après la population, et dans la proportion suivante :

		fr.
Dans les villes, bourgs ou villages dont la population est de...........	cinq mille habitans et au-dessous.	400
	cinq mille à quinze mille........	500
	quinze mille à trente mille.......	600
	trente mille à cinquante mille....	800
	au-dessus.....................	1000

II. Ce traitement sera payé moitié par l'arrondissement communal, sur les centimes additionnels, et le surplus sera fourni par la municipalité, d'après les arrangemens qui seront faits entre le conseil municipal réuni à un nombre égal de pères de famille, et le maître d'école.

III. Les maîtres d'école ne pourront pas se refuser à servir de secrétaires aux maires des campagnes, pour la tenue du registre de l'état civil. Ils ne pourront exiger aucun salaire pour ces fonctions.

§. I I. *Écoles communales.*

A r t. Ier. Le traitement des *instituteurs* sera fixé d'après la population de la ville où est formé l'établissement, et dans la proportion suivante :

		fr.
Dans les villes dont la population est de............	cinq mille habitans et au-dessous.	1,200
	cinq mille à quinze mille.........	1,500
	quinze mille à trente mille......	1,800
	trente mille à cinquante mille...	2,000
	cinquante mille à cent mille.....	2,200
	cent mille et au-dessus.........	2,500

II. Ce traitement sera pris moitié sur les centimes additionnels de l'arrondissement, moitié sur ceux du département.

III. Dans le cas où il existerait des revenus affectés à l'instruction publique dans un arrondissement, il ne sera pris sur les centimes que le surplus de la somme nécessaire.

IV. Le traitement du directeur de l'école sera d'une moitié en sus de celui d'un instituteur.

§. I I I. *Écoles spéciales.*

A r t. Ier. Les professeurs des écoles spéciales seront payés par le trésor public, et dans la proportion suivante :

		fr.
Professeurs	de médecine...................	2,000
	de législation................	2,000
	de l'école des arts du dessin......	2,500
	de l'école de musique à Paris....	2,200
	des six écoles de musique des départemens.................	1,000

Les professeurs de chacune des autres écoles spéciales............................ 5,000

II. Les professeurs de médecine et de législation percevront, outre le traitement fixe, un traitement éventuel fourni par chaque élève.

III. Le traitement éventuel sera de 500 francs par élève pour tout le temps de scolarité. Il sera payé par parties égales, de trois en trois mois.

TITRE VII.

TRAITEMENS DE RETRAITE.

A R T. Ier. Tout *maître d'école*, *instituteur* et *professeur* a droit à un traitement de retraite après vingt ans de service effectif dans l'instruction publique, et dans le cas d'infirmité constatée.

II. Ce traitement de retraite sera moitié de celui dont il jouissait en pleine activité de service.

III. Les professeurs de médecine et de législation auront pour leur retraite la totalité de leurs appointemens fixes.

IV. Lorsqu'après vingt années d'enseignement public, un *maître d'école*, *instituteur* ou *professeur* voudra continuer son service, il pourra cumuler un quart de son traitement de retraite avec son traitement effectif pendant les dix premières années, moitié pendant les dix années suivantes, trois quarts pendant les autres dix années, et la totalité par la suite.

V. Le conseil municipal pourra néanmoins forcer un *maître d'école* à discontinuer l'enseignement, dans tous les cas où, après vingt années de service, il le jugera incapable d'exercer ses fonctions.

Le jury de département aura le même droit sur les *instituteurs*, et le Gouvernement sur les *professeurs*.

VI. Le temps de service exigé pour avoir droit au traitement de retraite, comptera du jour où le *maître d'école*, *instituteur* ou *professeur* aura été appelé à remplir des fonctions publiques dans l'instruction.

VII. Pour avoir droit au traitement de retraite, le service dans l'instruction ne doit avoir été suspendu que pour des raisons légitimes ou pour d'autres services publics.

TITRE VIII.

DES PENSIONNATS ET EXAMENS PUBLICS.

A R T. Ier. Il y aura près de chaque école communale, un pensionnat surveillé par le directeur de l'école.

II. L'entreprise du pensionnat sera confiée, par le sous-préfet, au citoyen qu'il jugera le plus capable.

III. A la fin de chaque année, et à des jours indiqués, les membres du jury départemental se transporteront dans chaque école communale pour y procéder à un examen public, en présence des autorités civiles.

IV. Ces examens seront annoncés trois mois d'avance.

V. Les instituteurs publics et particuliers présenteront à l'examen tous ceux de leurs élèves qu'ils en jugeront dignes ; ils les feront inscrire pour la partie sur laquelle ils peuvent être examinés.

VI. Le mode d'examen ou concours sera réglé par le Gouvernement.

VII. Le préfet ou sous-préfet distribuera des prix, au nom du Gouvernement, à ceux des élèves qui se seront distingués, et les noms des instituteurs seront imprimés et proclamés avec ceux des élèves.

VIII. Il y aura, dans chaque pensionnat de l'arrondissement de la préfecture, huit places payées par le trésor public ou sur les fonds destinés à l'établissement des bourses; ces places seront réservées pour ceux des élèves peu fortunés qui se distingueront dans les concours. Le jury présentera, chaque année, au préfet, un nombre d'élèves proportionné à celui des places vacantes.

IX. Lorsqu'à l'âge de seize ans les élèves salariés déclareront se vouer à l'enseignement public, ils seront admis en qualité de répétiteurs dans les pensionnats, seront exercés dans l'art de l'enseignement par le directeur de l'école, et occuperont les premières places vacantes dans l'instruction publique, pourvu toutefois que le jury les en juge capables.

X. Ces pensionnaires seront examinés tous les ans par le jury, qui fixera l'époque où ils doivent cesser d'être salariés par le Gouvernement.

XI. Si quelqu'un de ces élèves salariés annonçait du goût et des dispositions pour le dessin, l'histoire naturelle, la littérature ou toute autre science, le préfet pourra l'envoyer à Paris pour y continuer ses études; sa pension lui sera conservée pendant deux ans. Il comptera toujours parmi les huit élèves salariés du département.

XII. Les prytanées actuellement existans seront organisés, par le Gouvernement, en écoles militaires.

TITRE IX.

ORGANISATION PARTICULIÈRE DES ÉCOLES SPÉCIALES.

§. Ier. *Écoles spéciales de Médecine.*

Art. Ier. Les trois écoles spéciales de médecine établies par la loi du 14 frimaire an 3, sont maintenues.

On continuera à y enseigner toutes les parties qui constituent *l'art de guérir ;* savoir la médecine et la chirurgie.

II. La distinction des *professeurs adjoints* est supprimée.

III. Le nombre des professeurs sera réduit, par mort ou démission,

> A seize pour *Paris*,
> douze pour *Montpellier*,
> dix pour *Strasbourg*.

IV. Le temps de scolarité, ou le cours d'études, sera au moins de trois années.

V. Il sera alloué à chacune des trois écoles une somme annuelle de 6,000 francs, tant pour entretien des bâtimens, que pour le traitement des portiers, concierges, jardiniers, chefs de préparations, &c.

L'école de Paris aura un supplément annuel de 3,000 francs.

VI. Il sera distrait 5 pour 100 sur la rétribution des élèves, pour être employé aux frais des cours de chimie, botanique, anatomie, entretien de la bibliothèque et traitement du bibliothécaire.

VII. A l'avenir, nul ne pourra être admis à exercer

la médecine ou la chirurgie dans l'intérieur de la **République**, sans être muni d'un certificat de capacité délivré par l'une des trois écoles.

VIII. Le *diplome* ou certificat de capacité sera uniforme pour les trois écoles, et réglé par le Gouvernement.

IX. Ce diplome ne sera délivré qu'après des examens préalables sur la théorie et la pratique. Ces examens seront publics. Le dernier aura pour sujet une thèse imprimée, au choix du candidat.

X. Tous ceux qui exercent en ce moment la médecine ou la chirurgie, sans aucun titre légal, seront tenus, dans l'intervalle de six mois, à compter de la publication de la présente loi, de se présenter à l'une des trois écoles, pour y subir un examen public, et y obtenir le diplome de capacité.

Cet examen devra être fait dans le mois, à compter du jour où le candidat se sera présenté. Il sera terminé en une séance.

Les frais d'examen et de réception sont modérés à 200 francs.

XI. Sont exceptés de la formalité des examens,

1°. Les officiers de santé qui ont été employés en chef dans les armées de terre et de mer, en vertu d'un brevet ou d'une commission légale, d'après les dispositions ordonnées par la loi du 3 nivôse an 2 ;

2°. Les officiers de santé employés pendant deux ans soit comme chirurgiens de première classe, ou comme médecins, dans les armées ou hôpitaux militaires.

Il leur sera délivré un diplome sur la preuve fournie des services ci-dessus.

XIII. Les élèves qui ont déjà obtenu provisoirement

des attestations de capacité, ne seront tenus qu'à échanger ces attestations contre des diplomes.

XIV. Les porteurs d'un diplome de capacité se feront inscrire dans les registres de la municipalité dans laquelle ils se proposent de se fixer.

XV. Tout individu exerçant la médecine ou la chirurgie, sans être muni du diplome, sera poursuivi devant les tribunaux, et condamné, pour la première fois, à une amende de 1,000 francs envers les pauvres du lieu. En cas de récidive, outre l'amende, il sera mis en détention pendant trois mois.

XVI. Les seuls professeurs de botanique, chimie et anatomie, seront exclusivement attachés à l'enseignement d'une partie. L'école arrêtera, chaque année, la distribution et répartition des autres parties qui seront enseignées, de même que l'époque, les jours et les heures des divers cours : elle en adressera le programme au ministre de l'intérieur, pour être approuvé par le Gouvernement.

XVII. Les statuts et règlemens pour l'exercice et la police de la pharmacie, provisoirement maintenus par le décret du 14 avril 1791, continueront à avoir leur exécution.

§. II. *Ecoles spéciales de Législation.*

ART. Ier. Il y aura une école de législation auprès de chaque tribunal d'appel.

II. Chaque école sera composée de trois professeurs;

Un professeur de *droit public,*

Un professeur de *droit civil,*

Un professeur de *droit criminel.*

III. La durée du cours d'études est fixée à trois années.

IV. Il y aura des examens publics dans chaque école, d'après lesquels on délivrera des diplomes ou certificats de capacité.

V. A compter de l'an 10, nul ne pourra être reçu en qualité d'avoué auprès d'un tribunal, ni être investi d'une place de juge à la nomination du Gouvernement, s'il n'est revêtu du certificat ci-dessus.

VI. Il sera alloué à chacune des écoles de législation, une somme annuelle de 2,000 francs, pour les faux-frais et l'entretien du bâtiment de l'école.

VII. Le Gouvernement fera tous les règlemens qu'il croira nécessaires pour organiser une bonne instruction dans toutes ses parties.

§. III. *Ecole spéciale d'Agriculture et d'Economie rurale.*

A r t. Ier. Il y aura une école spéciale *d'agriculture et économie rurale* auprès de Paris.

II. A cette école sera attachée une ferme d'une étendue suffisante pour y suivre des expériences d'utilité publique.

III. Il y aura quatre professeurs destinés à l'enseignement,

1°. De la *mécanique rurale ;*

2°. De la *nature et culture des terres ;*

3°. De la *mouture, boulangerie, et nourriture des hommes et animaux ;*

4°. De la *culture des arbres.*

IV. Outre les quatre professeurs, un directeur sera chargé de surveiller l'enseignement, d'entretenir la

correspondance, et de suivre tous les détails de l'administration intérieure.

V. L'instruction sera gratuite pour les élèves : le
Gouvernement mettra annuellement à la disposition
de l'école, une somme de 15,000 francs, pour fournir
à tous les besoins d'administration et frais d'expériences.

§. IV. *Ecoles spéciales d'Art vétérinaire.*

Art. Ier. Les écoles spéciales d'art vétérinaire, établies par la loi du 29 germinal an 3, l'une à *Lyon*, l'autre à *Versailles*, sont maintenues.

II. Le nombre des professeurs en sera réduit à cinq.

Il y aura, en outre, un directeur chargé de l'administration de l'école, de l'inscription et de la conduite
des élèves.

III. L'instruction entre les professeurs est partagée
comme il suit :

1°. *Anatomie des animaux domestiques ;*

2°. *Connaissances et signes qui constatent la santé
et les bonnes qualités de ces animaux ;*

3°. *Botanique, matière médicale, chimie pharmaceutique ;*

4°. *Maladies de ces mêmes animaux ;*

5°. *Forge et ferrure.*

IV. Chaque arrondissement communal, conformément aux dispositions de la loi du 29 germinal an 5,
pourra envoyer un élève à celle des deux écoles qui
sera la plus voisine ; il lui sera alloué, sur le produit
des centimes additionnels, une somme de 25 francs par
mois.

Le choix de l'élève sera fait par le sous-préfet. Son instruction ne pourra durer plus de quatre ans.

V. Le directeur de l'école pourra renvoyer un élève pour cause d'inconduite ou d'incapacité; il en informera le sous-préfet de l'arrondissement, pour qu'il soit pourvu à son remplacement.

VI. Le Gouvernement tiendra, chaque année, à la disposition de chacune des deux écoles, la somme de 5,000 francs, pour fournir aux faux-frais du service de l'école.

§. V. *Ecoles spéciales des Arts mécaniques et chimiques.*

ART. Ier. Il y aura, pour toute la République, quatre *écoles des arts mécaniques et chimiques.*

II. Ces écoles seront établies à *Paris, Lyon, Toulouse* et *Bruxelles.*

III. L'école de Paris sera formée dans les bâtimens de Saint-Martin-des-Champs, conformément à la loi du 26 floréal an 6.

IV. L'école de Paris aura quatre professeurs;

L'un, de *mécanique et hydraulique ;*

Le second, de *l'art de la construction des machines et outils ;*

Le troisième, de *chimie appliquée aux arts;*

Le quatrième, de *dessin.*

Dans les écoles de *Lyon, Toulouse* et *Bruxelles*, il n'y aura que trois professeurs; celui de *mécanique et hydraulique ;* celui de *chimie appliquée*, et celui de *dessin.*

V. Il sera fait un fonds annuel de 36,000 francs pour l'administration et les faux-frais de ces quatre écoles.

Chacune des écoles de *Lyon , Bruxelles et Toulouse,* aura 6,000 francs sur cette somme ; celle de *Paris* en aura 18,000, tant pour l'achat, construction et réparation de machines, que pour les autres dépenses de l'école.

§. VI. *Ecoles spéciales des arts du Dessin.*

A ꜱ ᴛ. Ier. Il y aura à Paris , sous le nom d'*écoles spéciales des arts du dessin,* une école de peinture, sculpture et architecture.

II. Cette école sera composée comme il suit :

Six professeurs pour la *peinture ;*

Six pour la *sculpture ;*

Quatre pour l'*architecture ;*

Un pour l'*anatomie ;*

Un pour la *perspective ;*

Un pour l'*histoire , costumes* et *antiquités ;*

Un pour la *géométrie descriptive.*

III. Chaque professeur donnera des leçons de peinture et sculpture pendant deux mois de l'année;

Chaque professeur d'architecture enseignera pendant trois mois.

En cas d'absence ou de maladie , le service sera fait par celui qui doit entrer le premier en fonctions.

IV. Il sera ouvert tous les ans, à Paris, des concours d'émulation relatifs aux divers objets d'études et à leurs degrés.

V. L'école de France à Rome sera conservée. Les élèves qui auront obtenu les premiers prix, auront seuls le droit d'y être entretenus aux frais du Gouvernement.

VI. Les réglemens concernant l'école de Paris et celle de Rome seront arrêtés par le Gouvernement.

§. VII. *Ecole spéciale de Musique.*

ART. Ier. Le conservatoire de musique, créé par la loi du 16 thermidor an 3, sera conservé, et portera le nom d'*école spéciale de musique.*

II. Les professeurs y seront réduits à soixante-dix-huit au lieu de cent dix-huit, et les élèves à quatre cents au lieu de six cents.

III. Il y aura une école spéciale de musique dans chacune des villes de *Lyon, Marseille, Bordeaux, Rouen, Strasbourg* et *Bruxelles.*

IV. Chacune de ces dernières écoles aura quatre professeurs :

Un professeur de *musique ;*
Un de *chant ;*
Un de *violon ;*
Un de *basse.*

L'école de Paris aura un directeur nommé par le Gouvernement.

V. Il sera fait un fonds annuel de 24,000 fr. pour tous les faux-frais des sept écoles de musique.

Celle de Paris aura 16,000 francs sur cette somme, tant pour sa bibliothèque, sa direction, etc., que pour les autres dépenses extraordinaires de l'école.

VI. Les professeurs et les élèves de chacune de ces écoles spéciales sont à la disposition du Gouvernement, pour la célébration des fêtes nationales et autres cérémonies publiques.

§. VIII. *Ecole spéciale d'Histoire naturelle.*

A r t. Ier. Le *muséum d'histoire naturelle*, organisé par la loi du 7 juin 1793, prendra le nom d'*école spéciale d'histoire naturelle.*

II. Le directeur tiendra un registre sur lequelse-ront inscrits tous les élèves qui se destinent à l'enseignement public de l'histoire naturelle et de la chimie.

III. Le Gouvernement déterminera, chaque année, la somme qui doit être affectée aux dépenses et service de l'école.

§. IX. *Ecole spéciale de Littérature ancienne et moderne, et Sciences physiques et mathématiques.*

A r t. Ier. Le collége de France prendra le titre d'*école spéciale de littérature et sciences physiques et mathématiques.*

II. Le directeur de l'école inscrira sur un registre tous les jeunes gens qui se destineront à l'enseignement des langues, belles-lettres, ou sciences physiques et mathématiques.

III. Il y aura, chaque année, un fonds de 10,000 fr. pour fournir à tous les faux-frais de l'école.

§. X. *Ecoles spéciales de Services publics et autres établissemens consacrés à l'instruction publique.*

A r t. u n i q u e. L'école polytechnique organisée par la loi du 25 frimaire an 8;

Les écoles d'application concernant le service militaire de terre et de mer, les mines, les ponts et chaussées, les ingénieurs-géographes, créés par la loi du 30 vendémiaire an 4;

I

L'école spéciale des langues orientales vivantes , et de la science numismatique, établie près la bibliothèque nationale par les lois des 10 germinal et 20 prairial an 3 ;

Les deux établissemens fondés à Paris et à Bordeaux pour les sourds-muets , par la loi du 16 nivôse an 3 ,

Sont maintenus.

TITRE X.

INSTITUT NATIONAL DES SCIENCES ET ARTS.

ART. Ier. L'institut national des sciences et arts , créé par l'article 88 de la Constitution , fera dorénavant tous les réglemens qui lui paraîtront convenables , tant pour les élections aux places vacantes , que pour son régime intérieur.

II. Chaque classe nommera un secrétaire perpétuel, pris dans son sein , et qui jouira d'un traitement fixe de 6,000 francs.

III. La troisième classe de l'institut sera augmentée d'une section , sous le titre de *section d'éloquence.*

IV. Chaque classe de l'institut aura , séparément, une séance publique chaque année.

V. Les lois des 3 brumaire et 15 germinal an 4 sont rapportées , en ce qu'elles ont de contraire aux articles ci-dessus.

Toutes lois contraires aux dispositions de la présente sont rapportées.

Celle du 4 brumaire an 4 est rapportée en tout ce qui concerne les écoles primaires et les écoles centrales.

F I N.

TABLEAU

Du Rapport et du Projet de Loi sur l'Instruction publique.

PREMIÈRE PARTIE.

Principes sur l'Instruction publique.

PROJET DE LOI.

(134)

FIN DE LA TABLE.